一瞬で
相手の心を
わしづかみ!

ウケる話し方

バラエティ番組の放送作家
野呂エイシロウ

SOGO HOREI PUBLISHING CO., LTD

はじめに

もしあなたの目の前にある道が二股にわかれているとします。
一方は「ウケる道」、もう一方は「ウケない道」です。
あなたは、どっちに進みたいですか?

「ウケる道」に進んだ人は、何を言ってもウケるので、周囲の人たちの心を一瞬でつかみ、「あの人といると楽しい!」「あの人と話すとワクワクする!」と、**行く先々で愛され、かわいがられ、大切にされるようになります。**
その結果、**仕事、人間関係、お金、恋愛など、様々な「ご縁」と「ご円」が充実し、人生がどんどん豊かになります。**

一方、「ウケない道」にうっかり迷い込んでしまったら、どうなるでしょうか。何を言ってもウケずにスベってしまうので、周囲の人の心が離れてしまい、「あの人といてもつまらない」「あの人と話すと面倒くさい」と、だんだん距離を置かれるようになっていきます。

その結果、本来手に入るはずの「ご縁」と「ご円」も遠のき、人生が地滑りするように先細っていきます。

どうせなら「ウケる道」に行きたいと思いますよね。

でも実際には、自分でも気づかないうちにうっかり「ウケない道」に迷い込んでしまい、ウケない人生をひた走っている残念な人は少なくありません。

「会議で自分が発言すると、なぜかいつもシラけた空気になる……」
「がんばってプレゼンしているのに、あくびをされることがある……」
「商談で『その提案、いいね』と言われるのに、なぜか契約に至らない……」
「デート中もあんまり会話が続かない……」

この本は、そんな**「ウケない道」に迷い込んでしまっている迷い人たちを救うために書きました。**

もし「自分は話しベタ」「何をしゃべってもウケる気がしない」というコンプレックスがあるなら、まさにこの本はうってつけです。

実は僕自身、駆け出しの頃は、会議に出ても「うっ、あの、えっと」としか言えず上司にドヤされ、会議直前に涙目で出席をドタキャンするほど「ウケない道」を突き進むトホホな迷い人でした。

その分、誰よりもお笑い芸人さんのビデオを鑑賞し、落語家さんの噺《はなし》を耳の穴がもう一つできるのでは、というくらい聞き、ウケるコツを習得しました。

今では、「ウケない道」から「ウケる道」にさりげなくスイッチするコツをもとに日々笑いをとり、バラエティ番組の構成も30年以上続けています。

また、習得したウケる話し方を武器に、みなさんがご存知の大手企業を中心に、商品開発など、20社以上のコンサルティングも行っています。

そうしたノウハウを活かし、この本では、日常のビジネスシーンで相手の心をわしづかみにするための、**誰でも即実践できる「ウケる話し方の法則」を具体的に紹介しています**。中には、やばい局面を切り抜ける秘伝の禁じ手も仕込んであるので、くれぐれも悪用しないようにしてくださいね。

ちなみに「ウケる」とは、一種の楽屋用語で、「拍手をうける」「称賛をうける」といった言葉の省略形が語源になっているという説があります。

ビジネスパーソンがウケるということは、観客から「ブラボーッ！」と拍手喝采をうけるように、会議や商談やプレゼンといった舞台で、上司やクライアントから「その企画、いいね！」「ぜひ一緒にやりましょう！」「契約しましょう！」というブラボーなリアクションが返ってくるということです。

この本を読むだけで、そんなリアクションを相手から最速で引き出せる「ウケ体質」に自然に変われます。

「結果にコミット」してウケ筋シックスパックむきむきの超絶ウケ体質になりたい人も、「ホントかよッ」とツッコみたい人も、楽しんでいただけることうけあいです。

ぜひご一読を！

2018年11月

野呂 エイシロウ

もくじ

STEP 2 お笑い芸人も活用している！「ウケる」ベースのつくり方

STEP 4 会議でもすぐに使える！ ウケる話し方

装丁　西垂水敦、遠藤瞳（krran）／本文デザイン　飯富杏奈（Dogs Inc.）／ＤＴＰ　横内俊彦
校正　篠原亜紀子／編集協力　大島永理乃／執筆協力　轡田早月

STEP 1

ロベタでもウケる!
今日から使える話し方のコツ

UKERU

ウケる法則 1

×

ウケない人は……

寒いとき、寒い話題から入る

○

ウケる人は……

寒いとき、場を温めるネタから入る

顔を合わせたとたん、「今日も寒いですよね」と言ってくる人がよくいます。「とりあえず天気の話をしておけば無難だろう」「天気の話は万人向けの鉄板ネタ」などと思っているのだとしたら、大間違いです。

寒い日は、朝からどのチャンネルをつけても、テレビのお天気キャスターが「今日も寒くなりますので温かい格好をしてお出かけください」などと連呼しているので、家を出るまでに既に「寒い」という言葉を耳にタコができるほど聞いています。

さらに、近所の人に会えば「昨晩も寒かったですねぇ」、会社に行っても「連日寒くてまいりますよねぇ」などと、いろんな人から寒い寒いと言われ続け、こちらも仕方なく「寒いですよねぇ」と応え続けなければなりません。

もちろん、寒いと言い合ってみたところで、温かくなるわけではありません。

正直、寒い季節に寒い話なんて、みんなもうウンザリなのです。

それなのに、商談などで当たり前のようにお天気の話から入ってしまえば、その段階で相手をすっかりシラケさせてしまい、その後、どんなに気の利いたことを言っても、ウケる確率がぐんと下がります。

お天気話がウケるのは〝レレレのおじさん〟だけ

天気の話が許されるのは、「お天気ですね、レレレのレ」が持ちネタの、『天才バカボン』の〝レレレのおじさん〟ぐらいのものです。

もし天気の話から入るなら、**相手に寄せた話し方**にしましょう。

「田中さんの実家って、北海道ですよね。昨日、零下だったってニュース見ましたけど、大丈夫でした？」

「そうなんですよ！　スベって転ばないように気を付けますよ、はははは」

「今日も寒いですけど、その中村さんのニット、すごく暖かそうですね！」

「そう？　着心地がよくて結構気に入っているの！」

誰にでも当てはまるお天気話はおもしろみに欠けますが、お天気ネタから相手に紐づいた話題に絞ったり、相手をさりげなくほめたり気遣ったりするだけで、相手の食いつきが全然違ってきます。

「くだらない話」ほど印象に残りやすい

寒いときに「寒い」と言うのは簡単ですが、そこからさらに深みを増そうとすると、相手は「何だろう？」と意外に思って興味を持ちます。

「今日は超寒いですねぇ。ついでに、さらに寒くなるような話でもします？　布団が吹っ飛んだ……とかね。ほら、もっと寒くなったでしょ」

寒いギャグを普通に言ってもウケませんが、**場を温めようと工夫する姿勢を見せることで、相手がクスッとなり、距離が縮まります。**

お天気話のような当たり前すぎる話をする人は相手の印象に残らず、時間が経つと忘れられがちです。が、くだらない話ができ、ユーモアやウィットに富んでいる人は、ウケるだけでなく、印象に残るので忘れられにくいのです。

UKERU
ウケる法則
2

ウケない人は……

感想を聞かれたら、素直に答える

ウケる人は……

感想を聞かれたら、あえてツッコませる

「ねえ、スター・ウォーズの新作観た？」
「はい、1作目から全部観てますけど、今回のはちょっとイマイチでしたね。なぜなら……」

話題の本や映画の感想を求められたら、自分の感じたことを素直に答える人が少なくないと思います。

自分の感想を真面目に述べることが悪いわけではありません。ただ、それが本題ではなく、単なる世間話のついでだったり、打ち合わせ中の閑話休題的なアイスブレイクだったりしたとき、己の感想をやたらと生真面目に語っても、「なんか面倒くさい人だなあ……」と、かえって浮いてしまいます。

しかも、相手がまだ映画を観ていない可能性もあるので、「まさかあそこで死んじゃうなんてね」などとネタバレになるようなことに触れようものなら、「この人、超無神経だなあ……」と、マイナスイメージを抱かれるだけです。

ウケる人は、あえてボケて間違えたりして、相手にツッコむ隙をたくさん与えます。

ポイントは、**相手にあまり深刻に感じさせない言い方を心がけること**です。

真剣さはもちろん必要ですが、真剣なだけだと、相手との心の距離がなかなか縮まりません。

あえてくだらないことを言う勇気を持つことで、「この人、なんかおもしろくて、憎めないな」と、初対面でも相手との距離が一気に縮まります。

あえてツッコミポイントをつくる

ポイントは、「スター・ウォーズ観た？」と聞かれたら、「観たよ！　スターウォーズのスペルはね、S、T……」などと、「中学生かっ！」とツッコまれるような返しをすることです。
あるいは、わざと勘違いして相手にどんどんツッコませる手もあります。
相手「スター・ウォーズ観た？」
自分「もちろん！　スター・ウォーズ・スカイフォールでしょ」
相手「それ、007じゃん！」
自分「スター・ウォーズ失われたアークは観たかなぁ」
相手「それは、インディ・ジョーンズだし！」

自分「まあ、そもそもウチは、毎日が戦争《ウォーズ》ですから」

などなど、あまり深く考える必要はありません。

変にヒネりすぎると、ギャグがスベって墓穴を掘ります。

パッと耳で聞いて、相手がすぐにツッコめるような、単純でくだらないボケのほうが盛り上がります。

ただ、こうした反射的なボケは、一朝一夕にはできません。

日頃から、**「いかにくだらないことを考えているか」**が問われます。

単に語呂が似ているだけの意味のない言葉遊びでもかまわないので、普段からくだらないことを千本ノックのように言うクセをつけましょう。

コツは、**似たような言葉を組み合わせること**。

一見くだらないことの中に、斬新な企画につながるヒントが隠れていることもあります。あまりにもくだらなすぎることは、「これはさすがにバカすぎるだろう」と、切り捨てて考える人が多いのですが、そこに思わぬお宝が潜んでいることもあるのです。

UKERU

ウケる法則

3

ウケない人は……

自分と相手の「違和感」に目を向ける

ウケる人は……

自分と相手の「共通点」に目を向ける

「共通点」がお互いの距離を縮める

「初対面の相手となかなか打ち解けられない」
「何か話そうにも、特に話題がない……」
そんな人はまず、出身地や血液型、誕生月、星座などを話題にしてみましょう。共通点を一つでも見つけると、心の距離感がスッと縮まります。

自分「僕は愛知県生まれなんですけど、Aさんは？」
相手「えっ、私は岐阜です。お隣じゃないですか！　世間は案外狭いですね」
自分「僕は5月生まれの牡牛座なんですが、Bさんは？」
相手「私は4月ですけど、同じ春生まれですね。しかも一緒の牡牛座ですよ!!」

こんな他愛もない共通点や類似点でも、それがとっかかりとなって、相手が自然に食いついてきやすくなります。初対面で、それほど相手のことを知らなくても、こういった共通点や類似点が多いほど、お互いに親近感が芽生えます。

警戒心や緊張感もゆるむので、会話のキャッチボールが自然にでき、そこから得た情報をもとに、さらに距離を縮めていけます。

名刺に書いてある会社の所在地や名前などから話題を振ってみましょう。

共通の話題に加えて、相手の興味を引く情報を提供すれば、ますます距離が縮まり、初対面でもすぐによい関係性が築けます。

自分「スピルバーグ映画をよく観ているんですね。僕もDVDを結構持ってますよ」
相手「へえ！　どの映画がイチオシですか？」
自分「やっぱり初期の『激突！』は外せませんね。すごい低予算で作ったそうですが」
相手「詳しいんですね。いろいろ教えてください」

仕事でも恋愛でも、こうした共通の話題を入口に、相手の興味を引く情報をさりげなく提供すると、「この人の話はすごく興味深い！」「この人ともっと会いたい！」と思われるので、老若男女問わずウケます。

逆に、自分の好きな話題ばかりすると、「この人は、自分大好きで、私には全然興味がないんだな」と思われて、距離が縮まるどころか離れてしまいます。

「お金の話題」には要注意！

特に初対面で嫌われるのは、相手の年収や貯金額を話題にすることです。

僕はあるセミナーでたまたま会った投資会社の営業マンに、名刺交換をして5分もしないうちに、「ちなみに、野呂さんて、どのくらい貯金あります？」といきなり聞かれたことがあります。

「ああ、貯金どころか借金だらけでね」などと冗談で返しましたが、「この営業マンのすすめる投資話にだけは絶対乗らないぞ」と内心思いました。

営業や金融関連の仕事をしている人は、資産の話が日常茶飯事なのかもしれませんが、**初対面でいきなり相手の懐《ふところ》具合を探るような話題をすると、警戒されてかえって仕事のチャンスを失います。**

UKERU
ウケる法則
4

×

ウケない人は……

おもしろ動画の内容を自ら語ろうとする

○

ウケる人は……

おもしろ動画をシェアする

話さずに「おもしろいね！」と思われる裏ワザ

「昨日、すごくおもしろい動画見つけたんですよ。猫がなぜかキュウリにビックリしちゃって、ピョ〜ンてジャンプするんですけど、もう、超笑えました〜！」

あなたは、動画のおもしろさを懸命に語る人の姿を見て、笑ったことがありますか？

どんなにおもしろい動画でも、それを観ていない人に対して、オチまで計算しておもしろく伝えるのは、上級の話芸テクニック。

でも、そんなテクニックがなくても、誰でも簡単におもしろさを伝えることができる手っ取り早い方法があります。

そう、**「シェア」すればいい**のです。

動画は、説明するより見せたほうが、即座におもしろさを共有し合えます。

シェアなら、「ねえ、これおもしろくない？」と言って動画をスマホやタブレットで見せるだけで、「わっ、おもしろ〜い！」とウケやすくなります。

さらに、「その動画、こっちにも送って！」と言われ、URLを送ってあげれば、それだけで「おもしろいものを見つけて教えてくれるおもしろい人」と認知されます。

実際にそのおもしろ動画を撮ったり作成したりしたわけでもないのに、サクッとシェアしただけで、〝おもしろ枠〟にカテゴライズされるのですから、こんなに楽なことはありません。

「自分はあまりおもしろいことが言えない」と自覚している人は、ぜひおもしろ動画をどんどんシェアしてみてください。

おもしろ動画に凝縮されたウケの極意

「おもしろ動画をシェアするのはわかったけど、そんな動画、どこで見つけてくればいいの？」

という人は、フェイスブックやツイッターなどでシェアされている動画や、ロケットニュース24などに挙がっているＹｏｕＴｕｂｅのおもしろ動画にアクセスしてみてください。「おもしろ動画」と検索するだけでも、たくさん出てきます。

一度アクセスすると、サイトのほうから類似するおもしろ動画をどんどんすすめてくれるようになります。それらをチェックして、自分で「これはおもしろい！」と思ったものをブックマークしておきましょう。

特に犬や猫などの動物もののおもしろ動画は万人受けするので、シェアするのにもってこいです。僕もブログでよくシェアしています。

人気のあるおもしろ動画の多くは、数秒から数十秒で起承転結やオチのある流れになっています。

なにげない日常シーンから、不意に予想外の展開になって笑いを誘う動画をいくつも見ることで、「人はどういうところでウケるのか」というウケパターンが自然と身に付きます。状況をこと細かに説明しなくても、単純明快な展開でおもしろさが伝わることを如実に実感できるはずです。

UKERU

ウケる法則 5

ウケない人は……

知っている話は先回りして話す

ウケる人は……

知っている話でも先回りしない

相手の話したいネタをつついてあげる

「僕、昨日、『ミッション：インポッシブル／フォールアウト』を観に行ったんですよ。アクションシーンがすごくおもしろくて――」

「ああ、オレなんて初日に観たよ。トム・クルーズが撮影でケガしたっていうシーン、やっぱりすごい迫力だったよね」


相手が何か話を始めたとき、自分も知っているからといって、先回りして相手の言いたいことをペラペラしゃべってしまう人がいます。

共通の話題に乗って会話を盛り上げるのはいいことですが、相手にしてみれば、自分が話そうとしたネタを奪われてしまった形になるので、一気にシラケて会話が終わってしまいます。


もし相手が自分の知っていることを話し始めても、「え、そうなんですか？」とあまり知らないふりをして、聞き役に回りましょう。

一通り相手が話したら、そこではじめて「私もその映画を観ましたが、おっしゃる通り、あのシーンは迫力がありましたよね」「あれは本当に驚きましたよね」と、相手の話を受ける形で自分の話をすると、角が立ちません。

会話の中で、相手の好きなテーマや得意な分野がわかれば、「へえ、よくご存知ですね」「それはいい話ですね！」「もっと聞かせてください」などと、さりげなくそのツボをつつくようにしましょう。

そうすると、「この人と話していると、気分がいいな」と思ってもらいやすくなります。

知っていてもはじめて聞いたふりをする

年配の方は、同じ昔話を何度もくり返すことがあります。

しかし、「その話、もう聞きましたよ」「これで3回目ですよ」などと先回りして指摘すると、相手は「それ以上もう聞きたくない」と拒絶されたような気持ちになります。

昔話をくり返すのが好きなシニアもいるので、「ああ、その後こうしたら、こうなって、こうなったんですよね」などと先回りして言ってしまわず、**はじめて聞くふりをして、オチまで聞いてあげるのも優しさ**です。

特に年配の上司やクライアントに、「そのお話は、先日も伺いました」などと言うと、相手は「そんなことも覚えていないのか」とバカにされたような気持ちになってしまいます。

たくさんの案件を抱えている多忙な経営者などは、大勢のスタッフと話をすることが多いので、誰に何を言ったか覚えていないこともあります。

「この話は前にしたかな？」と相手に聞かれない限り、何度同じことを言われても、はじめて聞くような顔をして傾聴《けいちょう》しましょう。

UKERU

ウケる法則 6

ウケない人は……

人気店の手みやげを渡す

ウケる人は……

ヘンな手みやげを笑いの小道具にする

ちょっとズレた手みやげが効く

人見知りな人や話が得意ではない人は、相手と打ち解けるまでのハードルがどうしても高くなってしまいます。

そんな人でも手っ取り早くウケる秘策があります。

ちょっとズレた「手みやげ」を小道具に使うのです。

たとえば、外で待ち合わせをした相手に、いきなり両手にアメリカンドッグを1本ずつ持って登場し、「どうぞご遠慮なく。ケチャップとマスタードもありますからね」と、にこやかに差し出します。

両手にコーンのソフトクリームを持って現れ、「よかったらどうぞ」と笑顔で差し出す手もあります。

よかったらも何も、相手は今にも垂れてきそうなソフトクリームを受け取るしか選択肢がないわけですが、一緒にソフトクリームをなめていると、距離感が一気に縮まることうけあいです。

あるいは、何もおもしろいことを話さなくても、ちょっとズレた手みやげを手渡すだけで、「この人はなんだかおもしろいな」と、〝おもしろい人認定〟されます。

焼き芋シーズンには、客先に向かう途中、スーツのポケットに、ホカホカの焼き芋を入れていくという手もあります。

打ち合わせの席で、お客さんが「くんくん……何かいい匂いがする？」と気づいたら、「そうなんです、実は焼き芋を買ってきたんですよ」と、ポケットからひょっこり取り出せば、アラ、びっくり。ウケること必至です。

先日は、たい焼きを出して大ウケでした。

焼き芋やたい焼きは新聞などに包まず、ポケットからダイレクトに出したほうがインパクト大です。ポケットの中は後できれいにしましょう。羊かんなどの洗練された手みやげはスマートですが、**ちょっとズレた手みやげのほうが相手の印象に残ります**。

レストランでかしこまってお行儀よく食事しながら会話するのとは違って、仲よくソフトクリームをペロペロなめたり、アメリカンドッグをむしゃむしゃかじったり、焼き芋をパクパク頬張ったりすることで、「同じ釜の飯」を食べた者同士のような一体感を共有できます。

STEP

2

お笑い芸人も活用している！
「ウケる」ベースのつくり方

—UKERU—
ウケる法則
7

ウケない人は……
爪が荒れ荒れ

ウケる人は……
爪がツヤツヤ

ウケる人は爪先まで大事にする

初対面の相手と会うとき、相手はあなたのことを一瞬で精査しています。

「なんか、この人はイマイチな感じだな」

最初にそう思われたら、それだけで大きなマイナスポイント。

仕事でよほどスマッシュヒットを打たない限り、マイナスの印象がプラスに転じることはありません。

通常、マイナスの第一印象を覆《くつがえ》すことは至難の業《わざ》なので、ビジネスでも恋愛でも、まずは自分の第一印象をよくするように努めるのが得策です。

僕は採用の面接もよくしますが、面接室の前で待っているときから、光っている人は一目瞭然です。

まず背筋がシュッと伸びて姿勢がよく、瞳にも輝きがあり、身なりが清潔で、TPOを心得た着こなしをしています。さらに、爪の手入れ、靴磨きなど、細部まで管理が行き届いています。

間違っても、猫背に血走った眼でスマートフォンを凝視していたり、爪は荒れ放題、歯や持ち物が汚かったり、場違いな格好をしていたりしません。そういう細部に、その人の生き方が表れます。これは、売れっ子のお笑い芸人さんにも共通して言えることです。

これから面接に臨もうとか、商談しようとか、企画を提案しようとか、モノを売ろうというときは、まず自分が相手にどのように見えるかということを客観的に観察してください。

相手の第一印象がよくなるように心がけるだけで、仕事でもウケるようになります。**プラスの第一印象は、ウケるための大前提**なのです。

会って「1秒未満」が明暗を分ける

「なんかヘンだ。よくない予感がする……」

初対面の人と「はじめまして」とあいさつを交わした瞬間、まだ相手のことをよく知りもしないのに、そんな風に感じるときは要注意です。

僕にも時々ありますが、最初の予感は高い確率で的中します。

こうした現象は、科学的にも根拠があると言われています。

カリフォルニア大学ロサンゼルス校（ＵＣＬＡ）の心理学者が１９７１年に提唱した有名な「メラビアンの法則」では、**第一印象は最初の３～５秒で決まり、話している内容よりも、相手の見た目や声のトーンが重視される**ということです。

また、僕が愛読しているアメリカのジャーナリスト、マルコム・グラッドウェルの著書『第１感「最初の２秒」の「なんとなく」が正しい』（光文社）には、人は最初の直感で理屈を超えてものごとの本質を見抜く能力があることを、さまざまな事例や学術的根拠を用いて書かれています。

たとえばその本にとり上げられていた興味深い事例で、アメリカの美術館が歴史的な鑑定書付きの古代ギリシア彫刻を購入したところ、それを見た数人が、最初の２秒で「違う」と直感したそうです。実際に調べてみたら、本当に真っ赤なニセモノであることが判明したとのこと。

人間には一瞥《いちべつ》しただけで、理屈抜きに一気に真贋《しんがん》を直感できる能力があるということです。

アスリートの世界も、１秒未満の差がものを言います。陸上競技の１００ｍ走は、

10秒台と9秒台では天と地ほどの差もある熾烈《しれつ》な闘いです。

アメリカ大リーグのピッチャーの球は、投げてからキャッチャーに届くまで、わずか0・4秒しかないと言います。イチローは、その球を見て打てるかどうかが見分けられるというのですから、驚きです。

ビジネスの世界でも、実は1秒未満の直感の中に、真実が潜んでいたりします。特に初対面の人と会うときは、この一瞬のひらめきが明暗を分かちます。

野球でも、バッターボックスに立ったら、バッターは「どんな球が来るだろう?」と想像しますよね。「はじめまして」とあいさつを交わす瞬間は、バッターボックスでピッチャーの球を見極めるバッターと同じなのです。

恋愛でも、出会った瞬間から「この人いいな」と思うことがあるかと思います。ひとめぼれは、恋愛だけでなく、ビジネスでも起こります。**普段から爪先、靴の先っぽに至るまで管理の行き届いている人は、その「いいな」に引っかかる可能性がぐっと高まります。**そして一瞬のひらめきを逃さない人は、ビジネスでも、恋愛でも、ヒットやホームランを打つ確率が高くなるのです。

UKERU
ウケる法則
8

×

ウケない人は……

パクリを避ける

○

ウケる人は……

パクリが得意

「パクリ」はウケ体質をつくる最強の近道

身なりをきちんとして印象をよくしても、スベることはあるでしょう。

「ウケを狙っても、だいたいスベる……」という人は、ウケることを追求した漫才やコントのお笑いネタをできるだけたくさん見るのがおすすめです。

なぜなら、お笑いにはパクれるヒントがいっぱいあるからです。

「パクリなんて、インチキなことはできない！」という人もいるかもしれませんが、パクリは日本古来の武道や茶道などを学ぶ際の鉄則である「守破離《しゅはり》」の精神に通じているのをご存知でしょうか。


守破離とは、修業における3つの段階を意味する言葉です。

「守」は、自分の師匠の教えを忠実に守って身に付ける段階。

「破」は、自分の師匠の教えの殻を破り、別の師匠の教えのよい点をとり入れて技を磨く段階。

「離」は、一つの流派から離れて独立し、独自の流儀を確立させる段階です。

つまり、初心者はまず完成度の高い人のスタイルのパクリから入り、成長するにつれて他の人たちからもいろいろパクリつつ、最終的には独自のスタイルを作ることで、道を極められるということです。

ゴルフの腕を磨くときは、プロゴルファーのフォームを真似るのが早道。

料理の腕を磨くときは、プロ料理人のテクニックやレシピを真似るのが早道。

ウケる技を磨くときも、「ウケてなんぼ」のお笑いのプロたちの芸を真似るのが早道なのです。お笑い芸人になるわけでなくても、完成度の高い漫才やコントは、ウケるツボを心得たボケ方やオチの付け方の宝庫なので、そうしたパターンを踏襲することで、自ずと腕が磨けるのです。

「でも、素人がお笑い芸人の話術を真似てみたところで、芸人さんほどウケるわけじゃないしね」と思う人もいるでしょう。僕も昔はそう思っていました。

でも、ジャンルは異なりますが、あの羽生結弦《はにゅうゆづる》選手は、幼少期から憧れていたプルシェンコ選手の技はもちろん、マッシュルームカットの髪型まで真似して腕を磨き、オリンピック2連覇の偉業を成し遂げました。

１９９０年代に大ヒットしたドラマ『古畑任三郎《ふるはたにんざぶろう》』（フジテレビ系）は、三谷幸喜《みたにこうき》さんが１９７０〜８０年代に大ヒットしたアメリカのドラマ『刑事コロンボ』（ＮＨＫほか）の大ファンだったことから、その設定やストーリーをオマージュ的に踏襲した箇所が多いことで知られています。

ちなみに、真面目な話をすると、プロを模倣《もほう》するといっても、漫才やコントの場合、そのネタを作った人や演じた人に著作権があります。そのままマルっとパクって営利目的で上演したり、上演を録画したものを動画サイトなどに公開する行為は全て著作権侵害になります。

しかし、ネタ元を明確にして引用したり、ネタ元に敬意を表するパロディやオマージュだったり、私的な使用だったりであれば、著作権侵害にはなりません。

お笑いを学ぶならこのＴＯＰ３

お笑いから学ぶのにおすすめのＴＯＰ３は、「バイきんぐ」「サンドウィッチマン」「ナイツ」のコントです。

いずれも日常的なあるある話をテーマにしながら、微妙に話をずらして万人にウケるおもしろさにつなげていく展開が絶妙です。

彼らの鉄板ネタをヒントに、まったく別のシチュエーションにして転用すれば、ウケる可能性大です。

たとえば、「バイきんぐ」の有名なファミリーレストランのネタは、ウケるための要素がたくさん詰まっています。

話の構造はシンプルで、マニュアル通りの店のスタッフと客のやりとりがベースになっています。

この話を人にすると、「確かに！」「あるある！」と必ずウケます。

「これ、〇〇〇のコントで観たんだけどね」というお笑いネタの引用は、おもしろ動画のシェア同様、自分でおもしろいことをしなくても、「おもしろい人」認定されるので、自らおどけるのが苦手な人におすすめです。

ＹｏｕＴｕｂｅで検索すれば、彼らのお笑いネタをいろいろ視聴できます。ぜひチェックしてみてください。

UKERU
ウケる法則
9

×

ウケない人は……

興味がある分野の記事を
日々チェック

○

ウケる人は……

興味がない分野の記事も
日々チェック

ネットニュースばかり読んでいると情報が偏る

ウケる話ができる人は、お笑いの他にもいろいろな情報に精通しています。

政治の話でも、スポーツの話でも、エンタメの話でも、健康の話でも、一通りの情報をザックリでも把握。どんな球でも打ち返す準備ができています。

「自分は毎日スマホでラインニュースやヤフーニュースを見ていろいろな情報をチェックしているから、世の中の出来事はだいたい把握しているつもり」

と思っているかもしれませんが、そこに大きな落とし穴があるのです。

なぜなら、ネットではトップニュースに挙がっているものをはじめ、自分が興味のある記事しかクリックしませんよね？

世の中のことを広く見ているつもりでいても、実は自分の好みでピックアップした狭い範囲のものしか見ていないのです。他の人も自分の見ている世界と同じ世界を見ていると思うのはとんでもない勘違いで、自分が「青」だと思っている世界が、他の人には「赤」に見えたり、「黒」に見えたりしているのです。

もっと客観的に世の中を見るには、自分が恣意《しい》的に選ぶ記事だけでなく、新聞や雑誌など、第三者が編集したメディアを片っ端から読む習慣をつけましょう。

ネットなら目当ての記事にピンポイントでアクセスできますが、新聞や雑誌を開けば、読みたい記事もある一方、それほど興味のない記事も視界に入ってきます。

そうした記事にも目を向けて読んでみると、自分の好きな記事だけを選んで読んでいるときより、視界がぐっと広がります。

また、通常は男性が『たまごクラブ』や『ひよこクラブ』（ベネッセコーポレーション）を読んだり、女性が『週刊プレイボーイ』（集英社）を読んだりすることはあまりないと思いますが、自分がまったく興味のない分野の雑誌も分け隔てなく読んでみましょう。

聞きかじりの情報こそ役に立つ

実際、僕は『たまごクラブ』の話題にもついていけますし、あまり興味のないワインやゴルフのトピックスなども、詳しくはないけれど知っています。

たとえば、テニス好きな人が、打ち合わせの前に雑談で「野呂さんはテニスとかやりますか？」と、テニスの話題を振ってきたとします。

「僕はテニスのこと全然知らないんです」と返してしまうと、そこで会話がプッンと終わってしまいますよね。その後に本題の仕事の話になっても、相手とあまり打ち解けられません。

でも、普段から雑誌で少しでも情報を仕入れておくと、違ってきます。

「テニスのことはあまり詳しくはないんですが、最近、ヨネックスから出た新しいラケットが売れているって記事を見ました。なんか変わった形ですよね？」と、相手の話に乗っかると、「そうそう、あのラケットはすごくてね！」と、会話が弾むし、何かに詳しい人から話を聞けば、それも有益な情報になります。

何でもかんでも知ったかぶりをして博識ぶる必要はありませんが、**聞きかじりの知識でもあれば、相手から飛んできた球に、何かしらの返しができます。**

どんな話題であっても、会話のラリーを続けられると、相手に「この人は話題豊富で楽しいな」と思われます。

書店で毎月毎週全ての雑誌を買うのは大変ですが、『ｄマガジン』なら、毎月４００円で、数えきれないほどの雑誌を濫読《らんどく》できるのでおすすめです。

UKERU
ウケる法則
10

ウケない人は……
行きつけの店に通う

ウケる人は……
知らない店を開拓する

食べ物の話題は、永遠の鉄板ネタ

万人にウケる話題は、やはり食べ物のネタです。

テレビ番組でも食の話題は鉄板ですし、ニュース番組でも、ちょっとした息抜きコーナーで話題の美味しい店の紹介をしたりします。

人間の三大欲求は食欲・睡眠欲・性欲ですが、最も頻度が高いのが食欲です。

人は基本的に1日3回は食事しますから、1年に1000回以上は食事をすることになります。食べることにまったく興味がなく、サプリメントだけで栄養を摂っているような人も中にはいますが、かなりレアケースです。

自分で料理するにせよ、外食するにせよ、**食事をテーマにした話には、多くの人が自然に食いつきます**。

また、ビジネスランチやビジネスディナーのように、仕事でも食事がらみのコミュニケーションはつきものです。

意中の相手をデートに誘うときも、「恵比寿に美味しいイタリアンを見つけたので、今度食事でもいかがですか？」などと言えば、よほど嫌われていない限り、「食事なら」と、相手も気軽に応じやすくなります。

人と食事するときは、よほど冷え切った夫婦でもない限り、何かしら会話をしますから、会議室で缶コーヒーを飲みながらミーティングをしているときより、自然とコミュニケーションが活発になります。

会話が弾んで意気投合すれば、「今度、こんな会があるんだけど、よかったら一緒に行きませんか?」などと誘われるので、ネットワークが広がるいい機会にもなります。

選ぶならブッフェより「シェフのおまかせ」

食の話題を豊富にするためには、行きつけの店で、いつも同じメニューを頼んだり、ブッフェで好きなものだけを皿に盛っていてはいけません。

今まで行ったことのない店で、「シェフのおまかせ」とか「本日のわがままプレート」など、自分の未知の料理に積極的にトライしましょう。

僕はアシスタントに雑誌で話題の店をチェックしてもらい、毎月1回、自分の行ったことのない店に食べに行く機会を設けています。

「食べログ」などを見れば、ある程度のイメージはつかめますが、自分が実際に行って食べてみたこともない店に大切な人を誘うわけにはいきません。

月に一度でも、1年に12軒は新たな店をチェックできます。

そのうえで、「ここはビジネスで使える」「ここはプライベートなら使える」「ここは二度と来ない」などと決めています。

もちろん、食の話題は、相手との話を盛り上げるとっかかりにすぎません。

自分のグルメ自慢をしたり、マニアックな食通ぶりをアピールしても、他人にはイヤミなだけです。

「スイーツ通なんですね。今話題のモンブランの専門店、知ってます?」

「超肉食なんですね。テレビで紹介されたこの熟成肉の店がおすすめですよ」

などと、まずは相手の嗜好を考慮して、食の話題を切り口に話を展開していくと、会話が自然に盛り上がり、ウケます。

—UKERU—
ウケる法則
11

ウケない人は……

過去の歴史は振り返らない

ウケる人は……

過去の歴史から多くを学ぶ

歴史の話題はビジネスパーソンの心をつかむ

骨太のビジネスパーソンは、歴史の話が好きです。

経営者がよく購読している『ＰＲＥＳＩＤＥＮＴ』（プレジデント社）のような雑誌にも、歴史の話が必ず載っています。

歴史というと、古く堅いイメージがあるかもしれませんが、戦国時代から江戸時代に至る下克上の流れや、幕末の激動の時代の歴史を紐解くと、立身出世術や人心掌握《しょうあく》術、交渉術など、参考になることが多いものです。

「歴史はくり返す」とよく言われますが、現代も、４００年前も、１０００年前も、人間の本質は変わりません。

多くのビジネスパーソンが本田《ほんだ》宗一郎《そういちろう》や松下《まつした》幸之助《こうのすけ》やスティーブ・ジョブズからビジネスのヒントをいろいろと学ぶように、織田信長や坂本龍馬のような歴史上の人物からも学べるポイントがたくさんあるのです。

僕が特にケタ違いにすごいと感じるのは、徳川家康です。家康は最後の最後まで粘り強く考えて行動し、感情でものごとを動かしません。

たとえば、宿敵の石田三成が伏見城に助けを求めて逃げてきたときも、「飛んで火にいる夏の虫」であるにもかかわらず、逃げてきた敵を討つと、のちに卑怯者呼ばわりされると考え、丁重に大坂城に送り届けています。

主君の織田信長に反旗を翻《ひるがえ》して卑怯者呼ばわりされた明智光秀は、秀吉に討たれて天下を獲ることなく散りましたが、家康の場合はその場限りの勝ち負けではなく、徳川家の未来を見据えて判断しているのがすごいところです。

このあたりの歴史や人間ドラマを学ぶのにもってこいなのが、「NHKオンデマンド」でも視聴できるNHK大河ドラマ『葵　徳川三代』です。

この作品は、大河ドラマの最高傑作だと僕は思っています。徳川家康、秀忠、家光の徳川三代にスポットを当てながら、関ヶ原の戦いから、豊臣家の没落、徳川幕府樹立の過程の人間ドラマが絶妙に描かれています。2000年に放映された作品ですが、ハイビジョン映像で撮影されていますし、そもそも古い時代の話なので、古さを感じることはありません。

書籍では、出口治明《でぐちはるあき》さん（立命館アジア太平洋大学学長、ライフネット生命保険株式会社創業者）が『週刊文春』に連載していた歴史コラムをまとめた『0から学ぶ「日本史」講義 古代篇』（文藝春秋）がおすすめです。

また、経営者や大学教授、スポーツ指導者などによく愛読されている定期購読専門の月刊誌『致知《ちち》』（致知出版社）にも、歴史に関する興味深い記事が出ています。この雑誌は、ジャンルを問わず各界で一道を切り拓いてきた人物が毎号紹介されており、そうした人たちの歴史からも学ぶことがあります。

『三国志』などは読むのが大変なので、横山光輝《よこやまみつてる》さんの漫画『三国志』（潮出版社）で学ぶのが早道です。

戦争は究極の言葉のやりとり。これを読むと、命令の仕方をちょっと誤っただけで、兵士のモチベーションが失せたり、大敗してしまうということがよくわかります。

光秀のことはほめないのがベター

歴史を学ぶといっても、全世界の歴史を学ぶとなると、膨大なので、まずは日本史から学ぶのがおすすめです。

ちなみに、歴史上の人物にも人気者と嫌われ者がいます。

特に経営者には、幕末の転換期にイノベーションを起こそうとした坂本龍馬の人気が高く、主君を裏切って処刑された明智光秀は不人気です。

ビジネスの世界では卑怯な裏切り者が一番嫌われるのです。

歴史の話題をするときは、坂本龍馬のことはけなさず、明智光秀のことはほめないほうが、ウケがいいと言えます（明智光秀は2020年のNHK大河ドラマの主人公に抜擢《ばってき》されていますので、その視聴率によっては、流れが変わるかもしれませんが……）。

間違っても、龍馬を敬愛してやまない経営者の前でうっかり龍馬を罵《のの》しったり、光秀を擁護する発言をしないようにしましょう。険悪なムードになることがあります。

UKERU
ウケる法則
12

×

ウケない人は……

自分を貫く

○

ウケる人は……

上司の真似をする

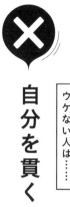

上司を手本に「安全領域」を察知する

会社にもよりますが、銀行など、ミスをすると減点方式で人事評価に影響するような職場に勤めている場合、一番いいのは、**出世していく上司の真似をすること**です。

ある銀行では、新しい支店長が来ると、その日は全行員が、紺の無地のスーツに、白いワイシャツ、無地のネクタイを着用してくるそうです。

そこでしばらく様子を見て、もし支店長がピンクのシャツを着てきたり、ボタンダウンのシャツを着てきたら、「ピンクのシャツは大丈夫らしいね」とか、「ボタンダウンもOKらしいぞ」と、許容度を慎重に確認するようです。

もし、「オレは自分の好きなファッションで行く！」と、水玉のネクタイを締めていったり、ブルーのシャツを着ていったりしようものなら、たちまち「なんでお前は、ブルーのシャツなんか着ているんだ？　アメリカ気取りか？」などと目を付けられてしまうそうです。

支店長のファッションや持ち物を行員全員がそっとチェックして、支店長より高いブランドバッグを持たないようにすごく気を遣うそうです。

そういう出る杭に厳しい組織にいる人は、上司を手本にして、安全な領域を察知する能力を養う必要があります。

ウケる人は空気を壊さない

銀行のような会社ではなくても、空気を読んで同調したほうがいい場合があります。たとえば、上司とみんなで飲みに行ったりしたとき、「乾杯はとりあえず生ビールでいいよね」と上司が言うと、「すみませーん、僕はカシスオレンジ」などと言う人がいますよね。

飲めないなら、「僕は飲めないんでノンアルコールビールでお願いします」とか「ウーロン茶で」と言うなら問題ありません。

でも、カシスオレンジのようなカクテルは、注ぐだけのビールやウーロン茶よりも作るのに時間がかかります。それで乾杯が遅れることもありえます。

そうした先を読む気遣いができない人は、仕事でも気遣いができない人とみなされてしまい、ウケないどころか、かわいがられません。

また、上司と営業に出て喫茶店でちょっとひと休みというときも、「みんなアイスコーヒーでいいよね」と上司が言ったのに、「すみませーん、僕、キャラメルカプチーノを」などと言う人がいます。

自分で買うわけではなく、上司のおごりなのに、**作るのに時間がかかり、しかも一番高いドリンクを頼んだりするのは無神経。**ウケない人の典型です。

何でも右へならえと言うつもりはありませんが、仕事で複数の人と動いているときは、たとえ休憩タイムや業務外の時間帯であっても、自分を客観視して、周囲にうまく合わせる賢さが必要です。

UKERU
ウケる法則
13

ウケない人は……

メモに頼らず自力で記憶する

ウケる人は……

思いついたらとにかくメモメモメモ

困ったときの〝ネタ帳〟で自分に助け舟を

僕は若い頃から、思いつくことは何でもメモするクセがあり、手書きメモがノートにびっしり書いてある〝ネタ帳〟を持って会議や打ち合わせに臨んでいます。

昔は今と違って会議でうまく話せなかったので、会議中にビビると、そのネタ帳をパラパラ眺めながら、「あ、今の話題は、この情報と関係あるな」「このアイデアは使えるかも」と、ネタを拾って自分に助け舟を出していました。

最初は手ぶらで出席していたのですが、限られた時間内にいろいろな提案をしたり、中身の濃い発言をするには、手元が白紙の状態より、ネタが豊富にあったほうが有利だと気付いたのです。

ネタ帳のノートには、ニュースでも、人の話でも、自分がふと思いついたことでも、気になったことは何でもランダムにメモしていました。

今はスマホのメモを利用して、１２００以上の書き込みをしています。それだけ数があると、探すのが大変なので、会社名やテーマごとに分けてファイリングしています。

常に複数の案件を手掛けていると、全てを記憶しておくのは至難の業です。

「えっと、この話題は確か前に聞いたことがあるけど、あれは何の記事だったかなあ……？」

「この前、すっごくいいネタ思いついたけど、あれ何だったっけ……？」

これでは、どんなにいい情報やネタがあっても、いざというときに使えません。うろ覚えの情報を再発掘するのにムダな時間がかかりますし、せっかく思いついたいいネタを忘却の彼方に失ってしまうのはとてももったいないことです。

でも、普段からネタをスマホのメモにファイリングしておけば、たとえばA社に関連したネタなら、A社のファイルを見れば一目瞭然です。

ネタをゼロベースでひねり出すより、積み上げてあるネタを効率よくブラッシュアップできます。

iPhoneのメモにはスキャニング機能も付いているので、雑誌や新聞の気になる記事をスキャンして貼っておけば、「そういえば、最近こんなおもしろい情報がありましてね」などと、ちょっとした雑談タイムにも、気の利いた話題を提供できたりします。

スマホは持ち歩けるので、インプットもアウトプットもスムーズですし、パソコンにデータを転送すれば、バックアップも取れるので安心です。

言うなれば、スマホのメモは必要なときに情報をサッと引き出せる〝もう一つの脳みそ〟なのです。

使えそうな情報やネタを書き込むことで、自分自身の記憶に残りやすくなりますし、後で見たときに「このネタ、やっぱいいねぇ！」と、自分のネタに客観的に感動することもあります。

新人や初心者は、スマホに思いついたことは何でもメモする習慣をつけるようにすると、いざというときにサラッとウケるトークができます。

やりたいことを書き出すと年収が上がる

ネタや情報の他に、自分のやりたいことやほしいもの、具体的な目標も、メモする習慣をつけることをおすすめします。

僕は10年ほど前から、毎朝、そうした自分の書き出した〝目標メモリスト〟を忘れないようにチェックしています。

実際にその目標が実現したら、赤で消します。すると、リストがどんどん真っ赤になっていくので、達成感が得られます。

ダイエットの体重管理などにも言えますが、日々の変化は微々たるものでも、目標とその達成度を「見える化」することで、目標達成へのモチベーションが上がります。


ハーバード大学が1979〜1989年にかけて学生たちに行った目標に関するアンケート調査では、驚くべき実験結果が得られました。

まず、目標の有無について、目標を持っていない学生は84%、目標を持っているけれど、紙に書いていない学生は13%、目標を持っていて、紙にも書いている学生は3%でした。

10年後、社会人となった彼らの平均年収を追跡調査すると、目標を持っているけれど、紙に書いていないと答えた人の平均年収は、目標を持っていないと答えた人たちの2倍もありました。

さらに、目標を持っていて、紙にも書いていると答えた3％の人たちの平均年収は、残り97％の人たちの平均年収の10倍もあったそうです。

目標を明確に持ち、それを具体的に書き出すことで、目標達成意欲が高まり、それによって実際にその目標をクリアする確率も上がり、結果的に、よりギャランティの高い職業や仕事に恵まれる――つまりウケるのだと思います。

ネタをメモしたり、やりたいことを書き出したりしておくことは、夏休みの最後の日にあわてて日記を書くように一気にやるものではありません。

日々、世の中のさまざまなことにアンテナを立てながら、コツコツと積み上げていくものです。

ムリして三日坊主になってては意味がないので、まずは自分のできる範囲で地道にメモする習慣をつけましょう。

UKERU
ウケる
法則
14

✕

ウケない人は……

能力のある人に嫉妬して
行動しない

○

ウケる人は……

能力不足を自覚して
努力する

嫉妬に狂うと、墓穴を掘る

「ちぇっ、あいつ、オレよりいいこと言いやがって」
「なんだあいつ、上司に媚び売ってかわいがられてムカつく」
「あいつの企画のほうがウケるなんて、くやしい！」
「なんであいつは、自分よりギャラが高いんだ?!」

声に出して言わなくても、心の中でそんなことを考えたことがある人は少なくないと思います。

僕も負けず嫌いなので、昔はライバルが活躍すると、胸の奥で嫉妬の炎をメラメラ燃やしていました。若いときには、カチンと来ると、相手をあからさまに〝口撃〟することもありました。

しかし、あるとき、自分にない能力を相手が持っているからといって、それに嫉妬することの愚かさに気付きました。

自分より秀でた人に対して強烈な敵対心を抱いたり、嫉妬してイラつくと、自分のペースが狂ってしまって冷静さを欠いてしまうので、焦って自分の能力をうまく発揮できなくなります。

嫉妬で我を失っている人は、表情も引きつって怖い顔になるので、周囲にもあまりいい印象を与えませんし、ウケるどころではありません。

もやもやと濁った心を抱えていては、雑念が邪魔して集中力も欠如するので、よいアイデアも出ません。その結果、よい成績を残すことができなくなります。

これでは、ますます能力の高い人との差が開いてしまうだけです。

嫉妬の悪循環の落とし穴にはまらないためには、嫉妬を肥やしに、努力すればいいのです。能力の高い人の行動を真似してみるのも一つの方法です。

嫉妬心をコントロールするのは難しいことですが、嫉妬するほど優れた相手と自分の能力の差を努力で埋めることができれば、嫉妬の炎も自ずと鎮火します。

勝利の女神にウケる人は自分を見失わない

2018年9月に行われたテニスの4大大会「全米オープンテニス」で、絶対女王のセリーナ・ウィリアムズ選手が、20歳の大坂《おおさか》なおみ選手に敗北しました。このときのセリーナは、自分のラケットを力任せに破壊するほど主審への抗議で怒り狂っていました。

一方、大坂選手はコーチの教えを守り、集中力を保つために会場中がどよめいている騒ぎから背を向け、独り静かに壁をじっと眺めていました。大坂選手にとって、セリーナは対戦相手とはいえ、少女時代から超憧れの人であり、決して嫉妬の対象ではありませんでした。

結果、嫉妬とは無縁の大坂選手が新女王の座に輝き、日本はもちろん、世界中から、セリーナを凌駕する能力の高さと、対戦相手を最後までリスペクトする人間性が高く称賛されました。

負けず嫌いの闘争心は向上心につながりますが、**自分のペースが崩れるほどの敵対心や嫉妬心は、結果的に勝利の女神を遠ざけます。**勝利の女神にウケるには、嫉妬など忘れるほど自身を切磋琢磨するに尽きます。

—UKERU—
ウケる法則
15

×

ウケない人は……

受け売りが得意

○

ウケる人は……

受け売りを言わない

人の言ったことを、あたかも自分の言葉のように語る人がいますが、これは、ウケない人の得意ワザです。

「今の時代は〝多動力〟がないと生き残れませんよ」

「これからは〝デジタルネイチャー〟ですよ」

落合陽一《おちあいよういち》さんや堀江貴文《ほりえたかふみ》さんのベストセラー本を濫読しても、こんな受け売りを言ってしまっては、正直、説得力がありません。

お笑いのプロの真似はしたほうがいいですが、突出したオピニオンリーダーの言葉をそのまま受け売りで言ったところで、同世代にはウケたとしても、それなりに経験を積んできた人にはドン引きされてしまいます。

「あなたはなぜ〝99％の会社はいらない〟と思うんですか？」

と聞かれて、

「だってホリエモンもそう言っていますよね」

と答えたとします。すると、

「この人は中身が伴っていないな」

と、即見透かされてしまいます。

昨今はイーロン・マスクやスティーブ・ジョブズを尊敬している若者が多く、よく彼らの受け売りを耳にする機会も増えています。

「イーロン・マスクも言っていますけど〝まずは、起業すること〟じゃないっすかね。〝公算はその後からついてくるもの〟ですから」

「やっぱりジョブズの言う〝マイクロマネジメント〟ですよ」

そんなことを、起業や会社経営の経験もない人にしたり顔で言われても説得力ゼロです。

確かにジョブズは細部までマネジメントをする〝マイクロマネジメント〟にこだわったことで有名です。でも、それはプロダクトに対して「もっと改良の余地があるのではないか」と、細部まで妥協を許さなかっただけです。

これを勘違いして、新人が組織やチームのマネジメントにまで口を出すのは本末転倒です。

「ウケる法則8」で、お笑い芸人のネタやスタイルを真似ようと言いましたが、自分の立場もわきまえず、**身のほど知らずな受け売りの言動をするのはお門違い**です。

かくいう僕も、若いときには松下幸之助や本田宗一郎、ジャック・ウェルチみたいな錚々《そうそう》たる成功者たちの本に影響されまくって鼻息を荒くしていました。

でも、老境の域に達した世界的な経営者の持論を、駆け出しの20代の自分がそのまま受け売りしてみてもムリがあることに気付いたのです。

受け売りで人の心は動かせない

あの孫正義《そんまさよし》さんも、高校生のときに司馬遼太郎《しばりょうたろう》さんの『竜馬がゆく』（文春文庫）の脱藩論に影響されて渡米を決意したそうです。

また、日本マクドナルド創業者の藤田田《ふじたでん》さんの著書『ユダヤの商法――世界経済を動かす』（ベストセラーズ）に感銘を受けて、藤田さんにアメリカで何を学ぶべきか直接アドバイスをもらいに行ったという逸話の持ち主です。

でも、孫さんは本の受け売りをしたわけではありません。尊敬する人の教えを単なる受け売りに終わらせず、面と向かって教えを乞うために、何度も門前払いを受けながらも、藤田さんに手紙をしたためて粘り強くアプローチしています。

そのひたむきさに根負けした藤田さんは、「15分だけなら」と、見ず知らずの高校生の孫さんとの異例の面会に応じました。

「私の時代は戦後間もない時代だったから食物に目を付けたけれど、今は食物が豊富にある時代だから、アメリカではコンピュータを学びなさい」

このときの藤田さんのアドバイスが、その後の孫さんの大成功につながっていると言っても過言ではありません。

孫さんが行ったのは、うわべの受け売りではなく、**本質の追求**です。

何の実績もない人が今の孫さんの受け売りをして、「〝10秒考えてわからないものは、それ以上考えてもムダ〟ですよ」とか、「〝検討中という言葉は禁止〟ですよ」などと会議で言い放てば、「お前はナニサマだ！」と、たちまち鼻つまみ者になってしまいます。そうなれば、もはや何を言ってもウケません。

孫さんに憧れるなら、若い頃の孫さんのひたむきさを真似るべきです。

ビジネスの世界では、成功者の言葉や方法論の一部だけを切り取って論じても、魂が入っていなければ相手の心は1ミリも動きません。

憧れの人の単なる受け売りからは何も生まれませんが、憧れの人から何を学ぶべきかを見極めて行動すれば、いずれ自分も憧れの人の域に近付けます。

STEP

3

ますますウケる!
知っておくと役立つ中級テクニック

UKERU

ウケる法則 16

ウケない人は……

「いい人キャラ」を演じる

ウケる人は……

「毒舌キャラ」を演じる

自分を明るく落とすテクニック

「あの人は毒舌だからね」

と周囲に認知されるキャラになれば、ちょっと辛口なことを言っても、逆におもしろいと思ってもらえます。

マツコ・デラックスさんや有吉弘行《ありよしひろいき》さん、くりぃむしちゅーの上田晋也《うえだしんや》さんのように、みんなが言いたいけど言いにくいことの核心に迫りつつ、ぷっと噴いてしまうようなユーモラスな毒舌は、いい人ぶっているよりむしろ愛されます。日本人は世間体を気にして、空気を読んだり、ソンタクしがちなので、「いい人キャラ」より「毒舌キャラ」のほうが、受け入れられる傾向があるのです。

しかし毒舌は、高度なテクニックが必要です。真似しようと思っても、なかなか難しい。そこでおすすめなのが、自虐ネタです。

あまりにも痛々しい自虐ネタだと相手も笑うに笑えないので、自分のコンプレックスをチャームポイントに変えるような、からっと明るい自虐ネタにするのがポイントです。

たとえば、僕はぽっちゃり体型であることを最大限に活かしています。やむを得ぬ事情で遅刻をして決まりが悪いとき、「すみませーん、私の体重のせいで、エレベーターがなかなか上がらなくて」とか「僕の腹がつかえて、電車が立ち往生しちゃって」などと言えば、相手も思わずぷっと噴いて「まったくこいつは憎めないいな」というムードになりやすいでしょう。

ただ、これを渡辺直美《わたなべなおみ》さんのような明るいぽっちゃり系の人が言えば笑いになりますが、竹内涼真《たけうちりようま》さんや菜々緒《ななお》さんみたいなスタイルの人が言うと角が立ってしまいます。同様に、高学歴な人が「私は学がないので」とか、高収入な人が「貧乏なもので」などと言うと、ウケるどころかイヤミなだけなので、毒舌は自分を客観視したうえで使うのが鉄則です。

ピリッと小気味よい毒の効かせ方を学ぶには、ビートたけしさんと「爆笑問題」の太田光《おおたひかり》さんのトークやエッセイがおすすめです。特に『週刊ポスト』（小学館）で連載しているビートたけしさんのエッセイ「21世紀毒談」は必読です。

UKERU

ウケる法則 17

×

ウケない人は……

思ったことを即しゃべる

○

ウケる人は……

しゃべる前に頭を整理する

伝わらないのは、頭の中が散らかっているから

自分ではウケる話をしているつもりらしいけど、全然おもしろくないし、何が言いたいのか、論点がさっぱりわからないという人が時々います。

お笑いでは俗に、「寒い」とか「冷える」と言われる状況です。

相手がウケないのは、そもそも話す内容が頭の中でとっ散らかっていて、きちんと整理されていない可能性があります。

また話す内容を整理せずにしゃべり始めるのは、散らかった部屋に踏み込んで、「ここにAの資料があって、こっちにBの資料があって、えっと、あっちにはCの資料があって……」などと、締まりのない生中継をだらだらしているようなもの。

聞いているほうは、何がどうなっているのかよくわからず、とても退屈です。

気心の知れた相手ならそれでも許されるかもしれませんが、仕事や社会的な場では、口を開く前にまず、脳内で内容や順序をいったん整理整頓してから話すようにしましょう。

まず**話す前に、「誰に、何を言いたいのか」を決めます**。次に、**話した後の結果を想像します**。ほめられたいのか、笑われたいのか、それとも、「なるほど」「それはいいかも」と言われたいのか——そこから**逆算して話を組み立てることが大切**です。

頭の整理に使う時間は、ほんの一呼吸程度。それ以上引っ張っては、不自然に会話がブツブツ途切れてしまい、「あれ？　この空白の沈黙はいったい何だろう？」と、逆に相手に違和感を持たれてしまいます。

混み入った話を説明するときは、「そうですねぇ……」などと言いながら、頭の中を整理するための時間稼ぎをしてもかまいません。

思ったことをすぐにしゃべらず、整理してから話すクセをつけるように心がけると、相手に自分のメッセージがスッと伝わって、今までよりグッとウケやすくなります。

UKERU

ウケる法則

18

ウケない人は……

時間にとらわれずたっぷり語る

ウケる人は……

秒単位で話をすっきりまとめる

5秒で話すクセをつける

話すのに慣れてきたら、次は**「話す時間」**を意識しましょう。

「おはようございます」

朝のテレビ番組で司会者がにこやかにそうあいさつする時間は、いったい何秒ぐらいだと思いますか？

実は、1秒もかかりません。9文字で約0・8秒です。

テレビ番組は、視聴者を飽きさせないようにテンポよく進行させる必要があるため、秒単位で動いています。もし5秒でもズレたら大ごとです。次のコーナーで5秒縮めるように調整することで、バランスをとっています。

テレビ番組の台本は僕のような放送作家が書くわけですが、駆け出しの頃はいつも「文章が長い！　原稿は2行以上書くなっ」と、先輩に怒られていました。プロのアナウンサーさんやタレントさんは、台本をパッと見ただけでスラスラ淀みなく話せますが、2行以上のセリフだとそうはいかないからです。

テレビの原稿は、上は絵コンテのスペース、下がナレーションやセリフの台本です。よほど重厚なドキュメンタリー番組のナレーションでもない限り、人が会話するセリフは「2行が限界」というのが業界の常識です。

テレビの原稿の1行は15文字なので、2行なら30文字です。

広告や雑誌などのキャッチコピーも、30字前後が適量とされています。

短歌も5・7・5・7・7で合計31文字です。

テレビでは、30字のセリフを、3~5秒ほどでしゃべります。そのボリューム感とスピード感が、ワンフレーズの話として収まりがいいからです。

話が短く簡潔になるほど、スッと伝わりやすくなるので、僕が若い頃は「1行でも、1秒でも短く書け」とよく言われました。

テレビのように、5秒をワンフレーズとしてできるだけ短く簡潔なフレーズで話すことは、会議で発言したり、プレゼンで話すときにも役に立ちます。

もちろん、早口で話せということではありませんが、**短く簡潔に話そうと意識すると、「何が・どうした」という話の骨子となる主語と述語をベースに、話を肉付けする装飾語もすっきりしてきます。**

そうすると、「この人の話はスッと耳に入ってきて、わかりやすい。安心して聞けるな」という印象になります。

相手にウケる話をするためには、このわかりやすさが欠かせないのです。

ちなみに、お笑い芸人さんたちは台本通りに話さず、独自のアレンジを加えてきます。たとえば動物についてトークする番組で、台本に「この前、猫がいるカフェに行ったらね」と書いてあったとすると、「僕がよく行く店にはフクロウがいてね」「オレの行きつけの店なんて、いつも香ばしい鳥がいっぱいいいてさ」「それただの焼き鳥屋じゃん！」などといじるわけです。

話しているテーマの範囲内で、時々そうした独自のアレンジが入れられるようになると、話が盛り上がりやすくなります。

話を短く簡潔にまとめる中で、臨機応変にアレンジを加えることで、わかりやすい中にもスパイスの効いた、相手を飽きさせないトークを展開できます。

ぜひ普段から、5秒で話せる話題は何か、探して実践しましょう。

UKERU
ウケる法則
19

×
ウケない人は……
仲間だけがわかるように話す

○
ウケる人は……
外国人にもわかるように話す

自分のボキャブラリーを疑ってみる

ウケるためには、あなたの伝えたいことを「確実に」伝えることが必須です。

「こんなのは当たり前のことだ」

そう思っていることでも、相手にとっては耳慣れない場合があります。

よく仲間内だけでまかり通っている言い回しや俗語や略語、業界用語を使って話す人がいますが、一つでもわからない用語が出てくると、相手はそこでつまずいて引いてしまいます。

あるいは、相手がまったく違う意味だと誤解してしまい、仕事で思わぬ大きなトラブルが発生してしまう危険性もあります。

実際に、僕の携わった番組でも、そんなトラブルが勃発したことがあります。

「シートを取る」――これはテレビ業界特有の言い回しです。撮影したビデオテープを仮編集する際、どのテープの何分何秒の映像と、何分何秒の映像をつないだかという記録を「シート」と呼ばれる紙に書き込むことを指します。

番組自体は1時間枠でも、撮影テープは100本近くになることもあるので、どのテープのどこに目当ての映像があるかというメモをシートに記録しておく必要があるのです。それによって、実際に編集作業を行う際、編集マンが「次は25番のテープを入れて、39分17秒から41分22秒まで引き出して」などと、指示して本場の映像を編集していくのです。

あるとき、新人のAD（アシスタントディレクター）さんが、ディレクターさんから「シートを取っておいて」と頼まれました。

1週間後、編集室に僕らが行って、さあこれから編集しようという段になり、ディレクターさんがADさんに「シートはどこ？」と尋ねました。

すると、「はい、このテープに取っておきました」とテープを差し出すADさん。

「えっ?!」紙のシートではなく、テープに取ったといわれて、目が点になったディレクターさんが、あわててそのテープをガチャッと入れると……真っ白な映像が延々流れてきました。

「こ、これ何?」ディレクターさんの問いに、ADさんは真顔で答えました。

「はい、〝白〟を撮りました」

そのADさんはシートを「白と」聞き間違え、ディレクターさんが何日も徹夜で編集した編集テープに、真っ白な映像を延々上書きしてしまったのです。

まるでコントみたいな話ですが、双方に問題があります。ディレクターさんは新人ADさんに対して言葉足らずだし、ADさんもなぜ白を撮るんだろうと不思議に思いつつ、ディレクターさんが怖くて確認しなかったことが問題です。

日本人は「あうんの呼吸」や「空気を読む」という感覚を大切にしますが、自分が日頃使っているボキャブラリーを客観的にかえりみて、言葉を正確に伝えないと、こうしたコミュニケーションのズレが起こることがあります。

普段から「この人は言葉足らずだな」とか、「この人は、わかっているようでどこかズレているな」と観察するようにして、要注意だと思う相手には特に入念な確認が必要です。

わからないまま放っておくと後で自分が困る

僕も普段、できるだけ言葉を正確に伝えるように気を付けています。

外資系企業のコンサルティングもしているので、外国人スタッフはもちろん、日本人でも日本語があまり話せない帰国子女のスタッフと接することが多いためです。

外国人に日本のことを説明するような感覚で、きちんと正確に伝えるようにすると、コミュニケーションのトラブルを回避できます。

また、もしわからないことがあれば、**絶対にわかったふりをしてはいけません。**

相手が盛り上がって話しているときに、その腰をポキッと折って質問するのは勇気がいりますが、わからないままでいるほうがずっと怖いことです。

「話の途中に大変申し訳ないのですが、〇〇とはどういう意味でしょうか？」

「恐縮ですが、さっき聞き逃してしまいまして、〇〇についてもう1回伺ってよろしいですか？」

などと断りを入れて、その場で確認すべきです。

もし大勢参加している会議中にわからない専門用語がポンポン出てきたら、それをいちいち止めて質問するのはさすがにはばかられるので、パソコンやタブレットでササッと検索したり、後でメールで確認しましょう。

—UKERU—
ウケる法則
20

✕

ウケない人は……

「こそあど言葉」を連発する

○

ウケる人は……

「こそあど言葉」を避ける

「こそあど言葉」は勘違いのもと

ウケる話をしたかったら、こそあど言葉は極力使わないことが鉄則です。

よく、「あのときは、大変だったなぁ」と言う人がいますが、「あのとき」と言われても、1ヶ月前なのか、1年前なのか、いつのことなのかまったくわかりません。

記憶力が衰えて固有名詞がすぐに出てこなくなるシニア世代にはありがちなことですが、ビジネスの現場でも「これ・それ・あれ・どれ」「この・その・あの・どの」といった「こそあど言葉」を無意識に乱発している人が少なくありません。

「この前の、あの企画はどうなった?」

「この前って、昨日ですか? 先週ですか? 先月ですか? あの企画って、当社で請け負っている企画は4つあるのですが、どの企画のことでしょう?」

「だから彼が関わっているあれだよ。ほら、あそこの会社の、あの案件だよ」

これでは相手に何一つ伝わらず、イラッとされるだけです。

もし目の前で「あれ」と指さしたり、「これ」と手渡したりするのであればまだしも、**電話でこそあど言葉を連発すると、相手のイライラ度はつのるばかりです。**

相手に話している内容を何度も聞き返されたり、せっかく話したつもりでも、相手が全然理解していなかったりする経験が多い人は、こそあど言葉を無意識に使っている可能性があるので、気を付けましょう。

仕事でどうしても必要なことなら、相手も面倒だなあと内心思いながらも「彼って山田さんのことですか？」「あそこの会社って、フジテレビ？　日テレ？」などと聞き返して確認してくれると思います。

しかし、ちょっとした会議や商談の合間の雑談だったりすると、「この人の言っていることはよくわからないけど、いちいち聞くのも面倒だから、話半分で適当に相づちを打って聞き流しておこう」とあしらわれてしまいます。

短時間で要点をパッと伝える。ウケる人はこれが得意です。

もし固有名詞がどうしても思い出せないときは、「あの」で押し通さず、「名前をど忘れしてしまったんだけど、教えてくれない？」と、周りの人に聞きましょう。

「人気作家さんで、毎年ノーベル賞候補になっているあの人、誰だっけ？」

「ああ、村上春樹さんね」

「木曜に放送している超常現象とかの事件を扱ったあの番組、何だっけ？」

「『奇跡体験！　アンビリバボー』でしょ」

名前をとっさに思い出せなくても、周辺情報を的確に言えば、誰かが助け舟を出してくれます。

「ウケる法則19」でもお伝えしましたが、**一番よくないのは、察しが悪いと思われるのを恐れて、「ああ、あの案件ですね」などとわかったふりをしてしまうこと**です。知ったかぶりは、ウケない人の得意ワザ。あとで必ず自分の首を絞めることになります。

たとえばそれが医療現場なら、「あの」が指す内容が少しでも違えば、大変なことになってしまいます。こそあど言葉で指示されたら、リスク回避のためにも、必ず内容を確認するようにしましょう。

UKERU

ウケる法則

21

ウケない人は……

モノそのものを売る

ウケる人は……

キャラクターで売る

「身近なたとえ話」が心をつかむ

テレビショッピングで有名な「ジャパネットたかた」の創業者・髙田明《たかたあきら》さんのMCは、相手の心をつかむたとえ話が上手です。

髙田明さんは、1990年代にラジオショッピングを行ったところ、わずか5分間で50台のコンパクトカメラが売れ、約100万円の売上を達成しました。彼はテレビの通信販売を始める前に、商品が見えないラジオで、どうやって言葉だけで商品の魅力をわかりやすく伝えるかということを徹底研究したそうです。

彼のMCがウケるのは、ターゲットユーザーの心に刺さる身近なたとえ話が絶妙だからです。

たとえば、カラオケ機器を紹介する場合、「お正月になったらお孫さんが家にやって来て、みんなで歌とか歌いたくなりますよね。なんと、このマイクには100曲も入っているんです。美空《みそら》ひばりさんの歌だけで30曲もあるので、おじいさん、おばあさんも楽しめます。お孫さんは、やっぱりAKBですよね。今ならAKBの最新曲と100曲分のソングブックもお付けして、このお値段！」

身近なたとえ話があると、「これがあれば、孫もきっと喜ぶだろうし、今年のお正月は盛り上がりそうだな」などと、その商品を自分が実際に購入して自宅で楽しんでいる様子が想像できます。

おそらく、多くの人はテレビショッピングを真剣に観ているわけではなく、食事をしながら、アイロンをかけながら、コーヒーを淹《い》れながら、〝ながら観《み》〟をしていると思われます。髙田明さんはそのことをよく心得ているからこそ、ながら観でも耳に入ってくる易《やさ》しい言葉と、身近な比喩を使って、簡潔にわかりやすく話すのです。

サイズを説明するときも、「直径1・5センチです」などと数字で言うのではなく、「親指ほどの厚みなので、ポケットにも余裕で収まります」「小さなお弁当くらいの大きさなんです」と、誰でも想像できるものにたとえます。

耳慣れない機能を説明するときも、「サイクロン式掃除機というのは、竜巻のようにグルグル回ってゴミを強力に吸い上げてくれるんです」と、子どもにもわかるような比喩で、複雑な仕組みを簡潔にサラッと伝えてくれます。

家電商品の機能やスペックは、ユーザー向けに作られたメーカーのパンフレットやマニュアルを見ても、専門用語が多く、機械が苦手な人からは敬遠されがちです。

でも、髙田明さんの言葉で説明されると、どの商品もすごく簡単に使える気がするから不思議です。

モノの魅力より、「キャラクター」で売る

モノはどのショップで売っていても、基本的には同じモノです。

それでも、髙田明さんが紹介するとモノが売れるのは、**売っている人に魅力があるから**です。

僕の母もよく、「こんなに一生懸命話してくれるから、私も髙田さんから買いたくなるの。この人の進める商品なら、きっといいモノだし」と言います。

もしも髙田さんの売っている商品が自動販売機で売られていたら、少なくとも僕の母は買わないでしょう。

母同様に、多くの視聴者は、髙田明さんの明るくほのぼのとした人柄と、「あなたの人生にこれがあると、すごくハッピーですよ!」という、一方的に売り込もうとしないユーザー目線のスタンスに魅かれて商品購入を決めるのだと思います。

10年以上前、大阪・心斎橋に2軒のたこ焼き屋が並んで商売していました。

なぜかいつも1軒は行列ができており、もう1軒はガラガラでした。

「何が違うんだろう？」と思い、試しに両店から買ってみたら、どちらも美味しく、大差はありませんでした。

ただ一つ違ったのは、売り手のキャラクターです。ガラガラの店の店主は、「いらっしゃいませ」とだけ言い、黙々とたこ焼きを作って売っていました。

一方、行列店の店主は、「ハイ、いらっしゃい、いらっしゃい。今できたてだよ」と賑《にぎ》やかで、並んでいるお客さんにいちいち「どこから来てん？」「修学旅行？」「カップル？」「付き合ってどれくらいなん？」などとせわしなくツッコミまくっていました。

僕が買ったときも、「東京から来たん？」「せっかくやし、青のりをいつもより多めに付けたるわ」「ソースもおまけしたるわ」と明るくノリノリ。お客さんにしてみれば、ちょっとした質問でも、自分に興味を持ってもらえたと思えるし、ささやかなおまけでも、特別扱いをしてもらった気分になります。

モノに大差がなくても、売っている人のキャラクターで、ウケ方が大きく変わって

くるのです。

独特の口上でお客さんを引き寄せる「バナナのたたき売り」や「ガマの油売り」も同じです。あるいは、保険の販売もキャバクラの指名も、同じです。

「この人から買いたい」

「この人を指名したい」

「この人にまた会いたい」

そう思われるようになれば、しめたものです。**あなた自身の魅力でモノが売れるような状況を作れば、何屋になっても成功できます。**

UKERU
ウケる法則
22

ウケない人は……

映像が見えない話し方をする

ウケる人は……

映像が浮かぶ話し方をする

落語は話し方の教科書

話のおもしろい人は、ひとりでずっとしゃべっていても、聞いている人を飽きさせません。僕は古典落語のCDをよく聞いていますが、落語はつかみのマクラからオチまで、会場のお客さんを転がしながら全部ひとりで行う話芸なので、飽きさせずに人に話を聞かせるヒントがいっぱい詰まっています。

落語は噺家《はなしか》さんがひとりで2役も3役も老若男女を巧みに演じ分けるので、それを真似すれば、たとえば「この前、取引先の部長さんから、こんな風に言われましてね」などと、口調や声色を変えてリアルに伝えることができます。

落語の舞台となるのは、町人たちが忙しく出入りする長屋から、偉い殿さまが住む広い大名屋敷、妖艶な花魁《おいらん》のいる華やかな吉原など、実にさまざまです。噺家さんはその雰囲気やスケール感を言葉だけで見事に表現します。

「酒を盃《さかずき》にトクトクつぐと」「そこへザーッと雨が降ってきまして」「草木も眠る丑《うし》三つどきに、やおら森のほうからザワザワザワッと一陣の風が起こり」「スーッと音もなくふすまが開き」など、擬音をうまく使って語るので、それを真似するだけでも臨場感たっぷりに語れるようになります。

たとえば、上司にイベントの感想を尋ねられたとき、よほど数字が大好きな上司でないかぎり、「今日は朝から825人も並んでいて、花火も上がって大盛況でした」と報告するより、「今日は朝からズラーっと大行列で、花火がドドーンと上がるたびに、あちこちでワーッと歓声が上がっていました」と擬音を多用して語るほうが、映像や音声が3Dで伝わり、「あの人の報告は雰囲気がよくわかっておもしろいな」と思われやすくなります。

子ども向けの落語のCDは〝話し方の先生〟

もし落語初心者なら、子ども向けの落語のCDがおすすめです。子ども向けの落語は、知識がなくても易しくかみ砕いて語ってくれるので、話し方の先生の役割を果たします。人にわかりやすく伝える話し方を学ぶのにもってこいです。

たとえば、「お伊勢参りって、三重県にある伊勢神宮にお参りに行くことなんだけどね」「東海道五十三次って、今の東名高速道路みたいなものだよ」「寺子屋って、今でいう学校なんだけどさ」といったわかりやすい解説を挟むことは、人に話を伝えるうえでとても大切なことです。

今の時代は、平成生まれの若者に「お茶の間」とか「ワープロ」と言ってもピンと来なかったりしますし、逆にITに疎いシニアがデジタルネイティブの若者に「IoT」とか「5G」などと言われても、ちんぷんかんぷんだったりします。

「ウケる法則19」で、外国人にもわかるように話そうとお伝えしましたが、同様に、こうした世代の違いによるコミュニケーションギャップを避けるには、「外国人や子どもでもわかるように伝えよう」という配慮が大切です。

「かわいい」だけでは伝わらない

僕は中学時代からラジオっ子だったので、「オールナイトニッポン」は欠かさず聴いていました。ラジオでとり上げられるリスナーの投稿ハガキは、短い文章だけでいろいろ想像させますし、笑えるオチもちゃんとあって、ウケる話のエッセンスが凝縮されています。

ラジオには映像がないので、映像が思い浮かぶ話し方をしないと成り立ちません。僕は渋谷のラジオ番組に毎週出演していますが、できるだけ具体的な映像が浮かぶ話し方を心がけています。

たとえば、「このマグカップ、かわいくて素敵ですね!」と言っても、ラジオを聴いている人にはどこがかわいくて素敵なのか全然伝わりません。

「このマグカップは、温かみのあるオフホワイトの陶器に赤い横ストライプの入った北欧風のデザインで、手にスッポリ収まりますね」という風に、色や質感、サイズ感などを盛り込んで話すだけで、まるで自分の目の前にそのカップがあるかのごとく映像が浮かびます。

日常生活でも同じように意識して話すことで、その場に居合わせなかった人でも、あなたが体験したモノやコトを共有できるでしょう。

三谷幸喜さんの傑作映画『ラヂオの時間』は、言葉と音だけで映像が想起でき、表現を工夫することがいかに大切かがよくわかります。

伊集院光《いじゅういんひかる》さんや小島慶子《こじまけいこ》さんのラジオ番組も、非常におもしろいのでおすすめです。ラジコなどで聴けるのでチェックしてみてください。

STEP 4

会議でもすぐに使える！
ウケる話し方

UKERU
ウケる法則
23

ウケない人は……
自分が盛り上がる

ウケる人は……
相手を盛り上げる

会議恐怖症を克服する忍法〝相づちの術〟

僕は会議が大好きなんですが、26歳で放送作家になったときは、極度の「会議恐怖症」でした。会議前になると、胃がキリキリ痛くなり、胸がムカムカして、「あのう……今日は体調が悪いんで休みます」と、会議をサボったことが何度もあります。人気番組に関わっていてプレッシャーが大きかったこともありますが、一番の理由は、猛スピードで進んでいく会話の流れにまったく乗れなかったからです。

「で、野呂くんはどう思うの？」

「うっ、あの、えっとぉ……」

いつもそんな状態だったので、ついにあるプロデューサーに呼び出されて、「見物に来てるんなら帰れ！　会議に参加賞はない！」と、爆弾を落とされました。

このままじゃ、クビになって路頭に迷う……。

ビビッた僕は、必死に考え、〝相づちの術〟を編み出しました。

相づちの術とは、「ですよね～」「そうそう」「それあるある！」「おっ、すごい！」などと、人の話にひたすら相づちを打つだけというリアクションワザです。このワザを使えば、**自分から意見を述べなくても、相づちを打つことで同意や共感、感嘆などを示すことになるので、会議でしゃべっている人の輪にスムーズに加わることができます**。

当時は、波乗りのヘタなサーファーのように、寄せては返す話の大波小波に乗って相づちを打つのに必死でした。が、相づちを打ち続けるうちに、会議の波乗りのコツがだんだんつかめて、会議恐怖症を克服することができました。

ウケる人ほど、人の話に大ウケする

駆け出しの頃に参考にさせてもらったのが、明石家《あかしや》さんまさんの芸風です。

芸人はたいてい自分の話をしたがるものですが、さんまさんがMCの番組をよくよく観察すると、さんまさんが話す時間は全体のわずか3割ほどです。

残りの7割は、他のタレントさんたちに「で、あんたはどう?」と振ったり、「うんうん、そやな」と相づちを打ったり、「なんや、それ?」とツッコんだり、「ファ〜ッ！　マジで?!」と派手にリアクションしたりして、話を盛り上げながら、実に巧みに転がしています。

さんまさんの話がウケまくっているように見えるけれど、実はさんまさん自身が人の話にウケまくっていることに気付いたとき、「これだ！」と思ったのです。

よく「司令塔」と呼ばれる名サッカー選手は、球が飛んできても、自分でいつまでも球をキープせず、ワンタッチで仲間の選手に絶妙なキラーパスを出して得点につなげます。サッカー通のさんまさんも、まさに番組の名司令塔なのです。

大勢の参加者にどんどんしゃべらせて盛り上げる『踊る！　さんま御殿!!』（日本テレビ系）を見ると、その名司令塔っぷりが顕著にうかがえます。

長寿番組『新婚さんいらっしゃい！』（テレビ朝日系）の桂文枝《かつらぶんし》さんも、素人にしゃべらせて盛り上げる達人です。この番組は、同一司会者によるトーク番組の最長放送としてギネス世界記録に認定されています。長寿番組の秘訣は、素人の新婚さんの話に椅子から転げてまでウケまくる桂文枝さんのリアクション芸のなせるワザです。**ウケる人ほど、人の話にもウケる**のです。

みんながノリノリになれば企画も通りやすくなる

会議でも、さんまさんや文枝さんのように、「えっそれマジですか?! ガハハハハ」とウケまくるリアクションをしつつ、「みなさんも子どもの頃に似たような経験ありますよね？」などと軽くパスを送ると、「うん、あるね～！」「オレもあるある！」と、みんなノリノリになって話が勝手に盛り上がっていきます。「そういう君も小学生時代はイタズラ小僧だったんじゃない？」と球が返ってきても、「ですね～。先生を泣かせる大会があったら絶対優勝してましたよ」などと、流れに乗って気負わずに返せます。

しかも、会議が盛り上がっていると、何でもない小ネタでも拾われて、「それって企画になるよね」と、ラッキーにゴールを決めるチャンスに恵まれることもあります。会議でウケる極意は、自分から盛り上がるのではなく、**相手を盛り上げ、場を盛り上げてなんぼ**なのです。

UKERU
ウケる法則
24

×

ウケない人は……

企画書づくりに専念する

○

ウケる人は……

企画書はそこそこに、プレゼンのイメトレをする

イラッとされる人、オヤッと興味を持たれる人の違いとは？

会議前に、企画書をビシッと完璧に作ってくる人がいます。

しかし、限られた時間に、何枚もある分厚い企画書をじっくり読み込む人はまずいません。

特に老眼のシニアが多い場合、細かな文字がびっしり並んだ企画書は、以前、渡《わた》辺謙《なべけん》さんが出演されていたときのハズキルーペのCMのように、「文字が小さすぎて、読めないなあいっ！」と、イラッとされます。

せっかく徹夜でがんばって企画書を作ってきても、イラッとされて心象が悪くなってしまえば、元も子もありません。

プレゼンの目的は、その企画を通すことです。

企画を通すためには、まず企画に興味を持ってもらわなければなりません。

そのためには、企画のおもしろさを伝えるプレゼンがものを言います。

もしあなたが一生懸命プレゼンをしている最中に、参加者が視線を企画書に注ぎ、プレゼンそのものを見てくれていないとしたら、あなたのプレゼンがウケていない証拠。そのプレゼンは、ほぼ通らないと言って差し支えないでしょう。

相手を惹きつけるおもしろいプレゼンをするには、ベテラン芸人でもない限り、事前のイメージトレーニングが必須です。

バラエティ番組ではタレントさんたちが好きなことをしゃべっているように見えるかもしれませんが、僕のような放送作家の書いた台本が必ずあります。

視聴者を飽きさせないように、興味を引くネタを随所に入れつつ、限られた放送時間内に番組を盛り上げて終了させるためには、台本が不可欠なのです。

同じように、プレゼン前に話す内容を考え、相手のリアクションもシミュレーションし、ときおり挟むダジャレなども想定しながらイメトレをしておくと、参加者を飽きさせないプレゼンができます。

打合せや会議は〝寄席〟のようなもの

打合せや会議は、「トークショー」だと思って臨みましょう。

僕は打合せや会議に参加するときはいつも、〝芸人〟に徹します。

応接室や会議室に入るとき、「今日はわざわざ僕のトークショーにようこそ！」という気分で、「徹子の部屋」でおなじみの「ルールル　ルルル　ルールルッ♪」、もしくは、「笑点」でおなじみの「チャンチャカチャカチャカ、ン、チャンチャン♬」というテーマソングを脳内にＢＧＭとして流して入室したりします。

もちろん、会議や商談は真剣勝負の場です。お互いに忙しい中で時間を作っているわけですから、くだらない話に終始しては本末転倒です。

しかし、誰もニコリともしないピーンと張り詰めた雰囲気の中で、粛々と打合せを進めても、話は盛り上がりませんし、関係性もよくなりません。

それより、クスッとしたり、ニヤッとしたり、ドッとわいたりするほうが、話がぐっと盛り上がり、実際に企画も通りやすくなるし、商談も断然まとまりやすくなります。

芸人ではないので、芸を披露する必要などありません。ただ**要所要所で場を和《なご》ませる小ネタやトークを挟むだけで、同じことを提案していてもウケがよくなる**のです。

打合せや会議でいつもおもしろいことを言っていると、周囲の人たちからも「この人はこういうおもしろキャラなんだな」と認知されてかわいがられるようになります。

「彼がいると妙に場が和んで楽しいから、次のプロジェクトメンバーの頭数にも入れておこう」

「こいつはバカばっかり言っているけど、何かキテレツなアイデアをポロッと言い出すかもしれないから、とりあえず契約しておこう」

そう思ってもらえたら、思うツボです。

僕は20社以上の企業と顧問契約していますが、その一端にはこうしたベースがあるのです。

—UKERU—
ウケる法則
25

×

ウケない人は……

自分のハードルを上げる

○

ウケる人は……

自分のハードルを下げる

期待値が高まると、高い結果を求められる

「会社史上初の画期的な企画を思いつきました！」

「100万部売れる企画を提案します！」

もし会議でこんな発言をすれば、「ほほう、どれほどのものを見せてくれるのかな？」と周囲に思われ、つまらない企画だったら、ただでは済まない空気になってしまいます。

周囲の注目度や期待値が高いほど、結果が期待したほどではなかったときに、失望感や残念感が増幅します。

よく前評判の高かったオリンピック選手がメダルを逃すと、それなりに健闘していても、がっかりムードのほうが強くなって、人気をガクンと落としてしまうのと同じです。

逆に、**期待値が低ければ、最高の結果でなくても、「よくやった」とねぎらってもらえます。**

2018年FIFAサッカーワールドカップロシア大会の日本チームは、最初は

「おっさんジャパン」と揶揄《やゆ》され、メディアでも「きっとグループリーグも突破できないだろう」と、まったく期待されていませんでした。

しかし、ふたを開けてみれば、期待を大きく上回る大奮闘だったため、決勝トーナメント1回戦で逆転負けしたにもかかわらず、西野《にしの》朗《あきら》監督も選手たちも「半端ない！」と大絶賛されました。

もし最初から、「西野ジャパンは優勝するかも！」と期待されまくっていたら、あそこまで日本中が盛り上がることはなかったかもしれません。

ハードルは低く、「ほふく前進」並みに

会議でも、相手の期待値をわざわざ上げるようなことを言うのはご法度。ほふく前進できるくらいスレスレに、**ハードルは低くするほうが得策**です。

「あのー、ちょっと思いついちゃったんですけど、もし趣旨がズレれていたらごめんなさい」

「えっと、今突然ひらめいた企画なんですけど、つまらなかったらホントすみま

せん」

「これは単なるフラッシュアイデアなんですけど、ご意見お願いします」

「そのことについてはあまり詳しくないんですけどね」

そんな謙虚な前振りをさりげなくしてハードルをうんと下げてから意見を言えば、つまらないことを言っても、軽く受け流してもらえます。

特に若い人や新人は、ハードルが高いと委縮してしまって、会議中にいいことを思いついても、軽々と意見しにくい場合があると思います。

でも、**一言意見を言う前にハードルを下げておけば、肩の力を抜いて言える雰囲気になります**。

僕も若いときに経験がありますが、「こんなこと言ったらバカにされないかなぁ」と思う意見でも、ビビらずに勇気を持って言うと、「ああ、確かにね〜。少しズレるけど、それぐらい柔軟に考えたほうがいいかもね」「なるほど〜、若い人だとそんな見方になるんだね」「今回は難しいけど、次回にそのアイデアを試してみようか」などと反応してもらえることが少なくありません。

UKERU
ウケる法則
26

×

ウケない人は……

会議で発言できなかったことを次の会議で提案する

○

ウケる人は……

会議で発言できなくても、メールで早めに提案する

存在感をアピールするアフターメール作戦

「会議中に緊張して、意見を言いそびれてしまった……」
「会議中にいい案が浮かんだけど、参加している面々が偉い人ばかりで、ビビッて言えなかった……」

そんなときは、次回の会議まで持ち越すのではなく、翌日までにこんなメールを会議の参加者に送っておきましょう。

「すみません、会議が終わった後、こんなことを思いついたんですけど――」

すると、「これは興味深い案だね」「もう少し詳しく調べてもらえるかな？」などと、何かしらの反応が返ってきます。

会議で自分から切り込んでいくのがあまり得意でない人でも、メールなら落ち着いて冷静に書けますし、参考資料のデータを添付したり、参考サイトのＵＲＬを貼り付けたりすることもできますので、より的確に説明することができるというメリットがあります。

しかも、会議の当日か翌日までに即メールすることで、会議が終わってから意見を後出ししているにもかかわらず、「会議が終わった後もアイデアを考えているなんて、この人は殊勝だなあ」「このプロジェクトに欠かせない人材だなあ」と、チームにとって有益な存在であることを印象付けられます。

役立つ人間だと思われれば、会議のときにも「君はこれについてどう思う？」などと、自分の意見を求められる機会が増えます。

「この前、野呂くんからこんな提案があったんだけどね」と、会議のキーマンから切り出してくれることもあります。

意を決して自分から話を切り出さなくても、**会議で自分の存在感が増せば、意見を言いやすい環境が自ずと整ってくる**のです。

球拾いで一目置かれる

「この本、今回の企画に使えるかな？　誰か読んだ人いる？」

「うーん、全部読んでみてからでないと、何とも言えないよね……」

会議中にそんな話題になったとき、僕はその本のことをよく知らず、すぐに意見を言うことができませんでした。そこで、会議中に本をアマゾンで即購入し、その晩にキンドルで読破しました。

そして翌日、「本を昨晩読みましたが、これはないと思います。なぜなら――」というレポートを添付して、会議の参加者全員に一斉メールしました。

すると、キーマンの人たちから、返信メールが続々と届きました。

「これから本を買いに行かなきゃと思っていたけど、もう読んでくれたんだ！」

「早く結論が出てすごく助かったよ。ありがとう！」

会議中に話題になったことについてその場で意見が言えなくても、**いち早く調べて翌日にメールするだけで、みんなの役に立つことはできます。**

たとえ試合に参加できなくても、球拾いをきっちりすることで一目置かれることがあるように、やり方次第で手柄を立てて自分の株を上げることは可能なのです。

UKERU

ウケる法則

27

×

ウケない人は……

話の交通整理が得意

○

ウケる人は……

話の交通整理をしない

人の話を「つまり」「要するに」でまとめない

会議中に話がいろいろ錯綜《さくそう》してくると、交通整理をしたがる人がいます。

「つまり、Aさんの言いたいことはこういうことだと思うんですよね」

「要するに、今の話をまとめると、Aさんの話の論点は○○の問題に集約されますね」

よかれと思って親切に交通整理しているつもりかもしれませんが、これは絶対にやってはいけないルール違反です。

その場がウケるどころかシラケてしまいます。

自分の発言した内容を他者に「つまり」とか「要するに」などと要約されてしまうと、要約された側は、まるで**自分が話しベタでコミュニケーション能力の低い無能な人と認定されたみたいで、立つ瀬がありません**から。

人の話を整理するということは、「伝え方がベタなAさんに代わって、理解力の低いみなさんに、賢い私が翻訳してお伝えいたしますね」と、上から目線で言っているのと同じことです。

たとえば、Aさんが打ったシュートについて、「Aさんはシュートを外してしまったけれど、本当はこんな風に打ちたかったんですよね、ほら」と、横から正しい見本を見せて得意になっているようなものです。

会議に参加するからには、存在意義を示すことが大切ですが、他者の話を整理する形で存在意義を示すと、ウケるどころか、全員に嫌われます。

整理するなら、他人の話ではなく、自分の話にとどめておきましょう。

もし話の内容を再確認したいのであれば、「今の話は、こういう理解でよいですか？」と相手に尋ねましょう。

もちろん、会議で何か決議するときは、最後にいろいろな意見をまとめて決定する必要がありますが、それは会議のトップの任務です。

もし、あなたが会議のトップであれば、「今日の会議をまとめると、こういうことですね」と締める権利があります。

でも、そうでないなら、**トップが最終的にまとめるまで、交通整理するような発言はしないように心がけるのがウケる人の鉄則**です。

UKERU
ウケる法則
28

×
ウケない人は……
「そもそも論」で
その場を台無しにする

○
ウケる人は……
他者へのリスペクトを
忘れない

その発言に「敬意」の気持ちはありますか？

権限がないのに話をまとめるのが、ウケない人の習慣ワースト2位だとしたら、ワースト1位は、**相手の顔をつぶすこと**です。

会議にもいろいろありますが、全体コンセプトやテーマが決まっている企画会議の場合、できるだけ多くのアイデアを出し合うのが会議の目的になります。

複数いれば、出てくるアイデアも千差万別ですが、互いのアイデアをすり合わせながら会議を進めていくのが民主的なやり方です。

アイデアには正解も不正解もありません。どんなに自分と意見の相違があっても、他人の提案を「間違っている」とジャッジして相手の顔をつぶすのはマナー違反です。

中でもやってはいけないのが、「アイデアも何も、そもそも、このコンセプト自体が間違っていますよね」といった**〝そもそも論〟をぶち上げること**です。

たとえるなら、「このテーブルの上で、何を食べようか？」と話し合っているときに、「そもそも、こんなテーブルがあるのが間違っているんだ！」とテーブルをひっくり返してしまうようなものです。

100歩譲ってコンセプト自体に難があったとしても、その会議がコンセプトを考える会議ではなく、アイデアを出し合う企画会議であるなら、そのコンセプトありきで考えるのが筋です。

〝そもそも論〟をぶち上げると、それまでその企画に携わってきた人たちみんなが「間違っている」と全否定されることになります。

これは、会議のメンバーに新しく入ってきたばかりの人や、自分が高学歴で人より優秀だと思っている人が陥りがちなミスです。

どんなに期待の新人や優秀な人材でも、この〝そもそも論〟を口走ってしまうと、その会議に次から呼ばれなくなる可能性大です。実際にそうした轍《てつ》を踏んで、消えていった若い人や優秀な人を僕は今まで何人も見ています。

そもそも論をぶち上げる前に、会議に臨む大前提として、会議のメンバーをよく理解し、それまで積み上げられてきた仕事に敬意を払う必要があります。

会議でウケる人は、他者へのリスペクトを忘れません。

UKERU
ウケる法則 29

ウケない人は……
ダメ元ならやらない

ウケる人は……
ダメ元でもやる

ダメ元アプローチが、意外と効く

上司「宮崎駿《みやざきはやお》監督にアニメ映画のオファーしてくれる？」
部下「彼はとっくに引退宣言していますから、ムリですよ」
上司「トランプ大統領に来月出演依頼してくれる？」
部下「いやあ、それはさすがにどう考えてもムリだと思いますよ」

もしあなたがAさんの部下なら、「当然ムリでしょ」と思いますか？

それとも、「ダメ元でアタックしてみよう」と思いますか？

もしあなたが前者なら、おそらくこの先、大きな仕事はできないでしょう。

もしあなたが後者なら、ドカンとウケる仕事ができる可能性大です。

なぜなら、前者の思考では自分の知っているレベルの小さな世界にとどまり続けることになりますが、後者は自分の未知の世界の扉を開けることで、どんどん世界を広げ、ステージを上げていけるからです。この後者こそ、ウケる人です。

残念ながら、最近は前者のタイプが増えているなと感じます。

上司「NASAの映像を使いたいんだけど」
部下「制作会社によると、難しいようです」
上司「じゃあ、今そこでNASAに電話して」

これは、博報堂の伝説のチーフプランニングオフィサーである故・小沢正光《おざわまさみつ》さんの名言を集めた『おざわせんせい』（集英社インターナショナル）に載っていたエピソードの一つです。

小沢さんは「らしいです」「のようです」という主体の見えないあいまいな物言いを一切許さなかったと言い、「ない」と言うと、必ず「世界中、探したのか？」と問いただしたそうです。

たとえ敷居の高い相手や超大御所でも、ダメ元でアプローチしてみると、こちらが拍子抜けするくらいスルッと要望が通ることがあります。

アメリカの社会心理学者スタンレー・ミルグラムの仮説に基づく「六次の隔たり」

という理論では、6人以上を介せば世界中の人と間接的につながれると言われています。実際、フェイスブックのユーザー調査（2016年）によると、平均3・46人を介すことで全ユーザーがつながるという結果が得られたそうです。今の時代は、相手がどんなに高嶺の花でも、アクセスすることはそれほど難しくはないのです。

一見手の届きそうにない案件でも、相手と直に交渉して、しかるべき条件をクリアすれば、こちらの要望をちゃんと飲んでもらえる場合もあります。

たとえ来月はムリでも、半年後ならOKかもしれないし、予算100万円ではムリでも、1000万円ならOKかもしれません。

「ウケる法則15」で触れましたが、孫正義さんが高校時代に藤田田さんの元に通い続けて念願の面会を果たせたように、**断られてもめげずに何度も口説き続けることで、相手が根負けして道が拓けることもあります**。

仕事でも恋愛でも、ダメ元でアタックすれば案外うまくいくかもしれないのに、試す前から「どうせムリ」と決めつけてあきらめてしまうのは、きれいに咲く可能性がある花の芽を、自らブチッと摘んでしまうようなものです。

できるようになる方法を考える

「〝どうせ無理〟という言葉は、人間の自信と可能性を奪う最悪の言葉だ」

これは、植松努《うえまつつとむ》さんの言葉です。北海道の町工場でロケット開発にいそしんでいる植松さんは、幼少期にアポロ月面着陸の生中継に感動して以来、ロケットの仕事をするのが夢でしたが、小学校や中学校の先生たちに「どうせ無理。お金もかかるし、別世界の話」と否定され続けたと言います。

しかし彼は、「どうせ無理」という否定語を、「だったら、こうしてみたら」という前向きな言葉に転換することで、「できない理由」探しではなく、**「できるようになる理由」に目を向ける**ことの大切を訴えています。

会議でも、「そんな企画は前代未聞でリスクがあるから無理だよ」などと否定してくる人が必ずいるものです。そんなときはあっさり引き下がらず、「だったら、こんな風にしてみたらどうでしょう?」と、前向きに切り返しましょう。

投げた球をことごとく撃ち落とされてもあきらめず、球筋を変えながら投げ続けるのが、ウケる人の流儀です。

—UKERU—
ウケる法則
30

ウケない人は……

「やる気だけはあります」と
やる気をアピールする

ウケる人は……

「結果を出します」と
有言実行する

口は災いの元――心象を悪くするフレーズに注意！

「ウケる法則7」で、ウケる人は爪先まで気を遣うと書きましたが、ウケる人は言葉にも敏感。心象をよくするよう日頃から心がけています。

ビジネスの場で当たり前のように使われているフレーズの中には、相手の心象を悪くする要注意の言葉がたくさんあります。典型例を挙げてみます。

「やる気だけはあります!!」「がんばります!!」

これは若手の新人がよく言う決まり文句ですが、やる気や元気やがんばりは数値化できません。Aさんのやる気と、Bさんのやる気はそれぞれ異なります。

ビジネスの世界では、やる気満々でも、結果がついてこなければ評価されません。言葉だけのやる気表明ではなく、明確な目標を表明して、その通り有言実行しましょう。

また、あなたに部下がいる場合、「やる気があるのか？」という言い方も、かなりザックリしています。場合によってはパワハラになってしまいます。

態度が悪いと注意したいなら、具体的に「これはよくないから直して」と言えばいいのです。

やる気があっても、何か心身に問題があって、本来の力がうまく発揮できていないのかもしれません。あいまいな精神論で相手を責めるのではなく、**何が問題なのかを具体的に聞いてあげるべき**です。

「貴重なご意見ありがとうございます」「今後の参考にさせていただきます」

何か指摘されたときに、企業のクレーム対応などでよく使われる慇懃《いんぎん》なフレーズですが、先輩や上司に注意されたときにこう言うと、とても上から目線な感じになります。もし自分に少しでも非があるなら「すみません」と謝り、「ここをこのように改めます」と、相手の意見に対する具体的な対応策を答えましょう。

「言いにくいことなんですが」

「言いにくい」と言った後に、相手にとってあまりよくないことを言うのは、いかにも相手を気遣っていると見せかけて、実は自分が悪く思われないように保険をかけたずるい言い方です。

言われた相手も、「言いにくいなら、わざわざ言わなきゃいいのに」と、いい気持ちはしません。

もし相手に改めてほしいことがあるなら、もったいぶらずに、「改善してほしいことがあります。2つあって、一つは○○、もう一つは○○です」とはっきり言うほうが伝わります。

言いにくいことを言ったついでに、「そういえば、あれも直してほしいんだけど」と思い出しながらどんどん文句を加算していく人がいますが、他人にはただの愚痴の垂れ流しにしか聞こえません。

言いにくいことを言うときは、まず書き出して、これを言う目的は何かということを明確にして、自分の気持ちを整理してから言うようにしましょう。

「大丈夫」

たとえば「水はいりますか?」と聞かれて、「大丈夫です」と答えると、「水がなくても大丈夫→水はいらない」という断りの意味なのか、「私は水が飲めます→水がほしい」という意味なのか、はっきりしません。

また、明らかに具合がよくない人に「大丈夫？」と聞くのも不自然です。

言われたほうは「これが大丈夫なわけないでしょ！」と腹立たしく感じます。

相手を気遣うなら、「ゆっくり休んでね」「お大事にしてくださいね」と、メッセージをはっきり伝えましょう。

「前にも言いましたが」

何か同じことを質問されたり、一度ならず指摘したことが改善されていないとき、こういう言い方をする人がよくいます。

口調がどんなに穏やかでも、「前にも言ったのに、覚えていないのかよ」というイラッと感がいなめません。

言われたほうも、「前っていつのこと？　さっき？　昨日？」と混乱します。

もし言うなら、「先週も言いましたが」とはっきり言いましょう。

「別に」

かつて女優の沢尻《さわじり》エリカさんがレポーターの質問に「別に」と憮然《ぶぜん》と答えて大炎上しましたが、「別に」は、相手がイラッとする最強ワードです。

「何かご意見や質問はありますか？」「別に」

「イベントはいかがでしたか？」「別に」

たった一言で、相手との関係性を一気に悪くする破壊力満点です。

特に返す言葉がないなら、「特にありません」とか「思いついたら、言いますね」とはっきり言いましょう。

STEP 5

慣れてきたら使いたい！
もっとウケる話し方

UKERU

ウケる法則

31

ウケない人は……

話を9割盛る

ウケる人は……

話を2割増しで盛る

話を盛りすぎて「イタい人」になっていませんか？

おもしろい話をしようとして、話を盛る人がよくいます。

話を盛るのはお笑い芸人さんの常套手段《じょうとう》でもあり、話を盛ること自体は悪いことではありません。

2割増しほどのちょい盛りなら、盛っているのもご愛敬でクスッと笑えます。

しかし、ウケを狙いすぎて、話を9割以上盛ってしまうと、現実とあまりにかけ離れた絵空事になってしまうので、聞いたほうは逆にシラケてしまいます。

人がおもしろいと感じるのは、現実にありそうでない、ちょっとだけずらした盛り方です。

「昨日の台風、かなりすごかったけど大丈夫でした？」

「あれはホントすごかったですよねぇ。私なんて、メアリー・ポピンズみたいに傘ごと1mぐらいフワッと浮いちゃいましたよ！」

「オレなんて、もっとすごいですよ！　タワマンの上を傘ごとブンブン飛ばされていくオッサンを目撃しましたから！」

1m浮いた程度の話の盛り方なら、ぷっと笑えるけれど、タワマンの上を飛ぶオッサンとなると、盛りすぎ感が半端ないので、相手はウケるというより「この人は笑かそうとして必死でイタいな……」という冷めた気持ちになってしまいます。

ウケを狙った相手に、「ウケてあげないと、かわいそうかも」と同情されたり、「仕方ないから、ここで一応笑っておくか……」などと気を遣わせてしまうのは、最悪の事態です。

しかも、話を盛りすぎると、相手より自分のほうが先に笑ってしまいがちなので、「いったい何がおもしろいんだか……」と、相手はますますシラケモードになってしまいます。

もし話を盛るなら、リアリティのないウソだらけの作り話ではなく、本当にあった話をうまく活かし、**「本当にありそうだな」というレベルにアレンジすることがポイント**です。

UKERU

ウケる法則

32

ウケない人は……

ジョークで炎上を誘う

ウケる人は……

ジョークで爆笑を誘う

ジョーク一発で親密度が一気にアップ

「髪の毛が後退しているのではない。私が前進しているのである」

これはツイッターでヘアスタイルについて揶揄された、孫正義さんの返信です。

ビジネスの現場で、相手の風貌についてあげつらうのは礼儀知らずですが、売り言葉に買い言葉でケンカを始めてしまうと、即座に炎上して、評判をガクンと落としてしまいます。今の時代は過去の炎上もデジタルタトゥーとしてネット上にずっと残ってしまうので、若気の至りで将来の自分の足を引っ張るような痕跡を残すのは避けるべきです。

もし炎上で注目されても、それはウケているのとは違います。

逆に、孫さんのようにウィットに富んだユーモラスなジョークで切り返すと、誰も不快な気持ちにならないし、その人の株が一気に上がります。

昨今はグローバル化によって、外国人と交渉するシーンが増えていますが、ユーモアに国境はありません。**生真面目で誠実なだけの人より、場を和ますジョークを言**

える人のほうが圧倒的に有利です。

特にアメリカ人はジョーク好きなので、初顔合わせの際にはジョークを言って笑わせたほうが、親密度が増して、交渉もスムーズになります。

あのオバマ前アメリカ大統領も、ジョーク担当の若いスピーチライターを付けていたと言われています。

「Nice to meet you. I can't understand my English, because my English is very low level!（はじめまして。僕の英語レベルが超低すぎて、自分の言っている英語すら理解できませんけど！）」

これは、僕がアメリカに出張に行った際、自己紹介のときに言ってアメリカ人にバカ受けだった自虐ジョークです。

高尚なジョークではなく、簡単な英語しか使わない片言ジョークですが、初対面のアメリカ人にこれを言うと、百発百中でウケるキラーフレーズです。

特に外国人の前では、**身振り手振りも大きく、顔の表情も豊かに、恥ずかしがらず堂々と言うのがウケるポイント**です。

他にも、こんなフレーズも覚えておくと、海外でウケます。

「Aer you hot?（暑いですか?）」と尋ねた後、すかさずこう言います。

「I can speak very very cold joke!（僕はめちゃめちゃ寒いジョークが言えますよ!）」


日本の企業相手だと、「いきなり初対面のクライアントさんに、こんな軽口をたたくなんて、とてもできない……」と尻込みしがちだと思います。

しかし、アメリカの企業の多くは、相手の地位にかかわらずフラットに考える傾向があるので、ノープロブレムです。

場を和ませるようなテヘペロ系の軽い自虐ジョークなら、一気にフレンドリーな関係になれることうけあいです。

言葉の壁を越えて、「ぷっ」と噴き出すようなユーモアを共有し合えてこそ、相手の懐に飛び込むチャンスをものにできるのです。

ただし、次のようなジョークはＮＧです。

「私がメキシコ人を２５００万人日本に送れば、ユーは即退陣だな」

これはアメリカのトランプ大統領が安倍首相に言い放ったジョークです。

「彼の顔はよく日焼けしているよね」

これはイタリアのベルルスコーニ元首相が、オバマ前大統領についてコメントした際のジョークです。

いずれも、国際社会で物議をかもした炎上ジョークです。前者のような相手を威嚇するようなジョークや、後者のように人種や容姿を揶揄するジョークは、パワハラや差別になるので気を付けましょう。

UKERU

ウケる法則

33

×

ウケない人は……

用があるときだけメールを送る

○

ウケる人は……

用がなくてもメールを送る

出会った人の分だけ脳みそがある

メールは用があるときしか送らないものだと思っていませんか？

ウケる人は、用がないときも戦略的にメールを駆使します。

仕事をしていると、日々名刺が増えていきますよね。

それをきちんと管理しておき、たまにメールを送ってみると、思わぬ発掘があったりします。

僕は名刺アプリの「エイト」で名刺管理をしているのですが、「長いこと会っていないなあ」という人や、「この人誰だっけ？」という人が時々います。

でも、せっかく出会ったご縁なので、時間があるときに、サクッとメールを打ってみます。

「久しぶりですね。お元気ですか？」

「最近どう？」

「熱中症になっていませんか？」

あるいは、たった今、名前を見つけただけなのに、「この前、会社の近くを通ったら、急に思い出したので、メールしてみました」などと、さりげなく作り話をすることもあります。

どうしても顔が思い出せない人には、入力した日付をチェックして、「3年ぶりですけど、お元気ですか？　なんかちょっと名刺を見つけちゃって」などとメールします。

すると、「こちらこそご無沙汰しています！」「お元気そうで何よりです」などと返信があります。

特に用があるわけでもないのに、自分のことを思い出してメールをくれた相手には、親しみがわくものです。

そこでがつがつ営業をかけるわけでなくても、「そういえば、今うちでこんな事業をやっているんですけど、興味ありますか？」などと新たな仕事のきっかけにつながることもあります。

メールは1、2行で気軽に送れるので便利ですが、年賀状や暑中見舞いなどを送るのでもかまいません。

「お元気ですか？」と相手の安否を気遣うだけで、なんとなく途絶えていた関係性がふっと息を吹き返します。

メールをあまりしないような年配の人には、直接電話してみると喜ばれます。

「特に用はなかったんですけど、ちょっと声が聞きたいと思いまして」などと言うと、「せっかくだから何かしようよ」などとお誘いを受けることもあります。

フェイスブックでも、懐かしい人を偶然見つけることがありますが、メッセージを送ることで、昔話に花が咲くこともあります。

「久しぶりに会おう」となったら、ランチに誘うのがおすすめです。ランチならそれほど長い時間というわけではないので、久々に会っても気疲れしません。

一生のうちに何人の人と出会うかは、人それぞれだと思います。

僕は、**「出会った人の分だけ脳みそがある」**と思っています。

自分ひとりだけで何かをするより、出会った多くの人たちの脳みそを使ったほうが、可能性がぐっと広がります。

UKERU

ウケる法則 34

ウケない人は……

メール一通で相手に断られる

ウケる人は……

メール一通で相手がOKする

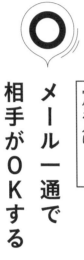

要点が簡潔だと、相手も反応しやすい

商談などではじめての相手にアポイントを取りたいときは、いきなりダイレクトに電話するのではなく、まずメールで依頼することが多いと思います。

その際、「この人に会ってみたいな」と思わせるメールを送ることが大切です。

「ただの定型文のあいさつだけで、素っ気ないな」

「どんな用件なのか全然見えないな」

「メールがムダに長いけど、要領を得ず、読むのが面倒だな」

こんな風に、相手があなたのメールを見てピンと来なければ、あっさり断られるか、〝どうでもいいメール〟扱いにされて、ポチッと削除されてしまいます。

「会いたい」と思わせるには、まず**実際に話したい内容の要点を簡潔にまとめてメールに書きましょう。**

「弊社はこんな事業に取り組んでいる会社です。新しく立ち上げる新規事業において、ぜひ御社とご一緒できればと思っています。25分ほどでかまいませんので、ご相談に乗っていただけますか？」

メールの骨子はこの程度で十分です。相手がスマホでメールを見ていることを前提に考えれば、だらだらした文章は迷惑なだけです。

自分が何者で、会いたい目的が何であるかが、相手に端的に伝わればいいのです。

「もっと話を聞きたい」と思わせるには、相談内容を最後まで書かず、チラ見せ程度にしておくほうがベターです。

忙しいビジネスパーソンに自分と会う時間を作ってくださいとお願いするわけですから、商談にどのくらい時間がかかるのかを必ず書きましょう。

その際、30分とキリのいい数字を書くより、25分とか、18分とか、微妙な数字にすると、相手が「おや?」と思うので印象に残ります。

もしアポイントが取れたら、ビジネスライクなあいさつ文だけでなく、「台風が近づいていて、風が強いと思いますが、吹き飛ばされないようにしていきます」といった、ちょっと愛嬌のある一文も付けてみましょう。

すると、相手も「なんだかこの人憎めないな」と思い、会う前から親近感がわきます。

相手とどこかで待ち合わせる場合は、「この角を右に曲がって、階段を上ったら、左に郵便局があり……」などと変に細かく説明されてもかえってわかりにくいので、駅の何番出口が近いとか、1階に郵便局があるビルの入口とか、手短に伝えるほうが親切です。

店で会う場合は、「A店とB店とC店がありますが、どこがいいですか？　それとも他におすすめの店がありますか？」などと書くと、相手に店を探させたり、選ばせたりすることになります。店を決めるだけでメールのやりとりをすることになり、手間を取らせることになるでしょう。

そんなときは、ピンポイントで店を指定し、店の地図のURLなどを貼り付けるだけでOK。**「相手に手間をかけさせない」ためにはどうしたらよいかを考えて動くことが、ウケる人のテクニック**です。

UKERU
ウケる法則
35

×
ウケない人は……
はったりでしゃべらない

○
ウケる人は……
はったりでもしゃべる

会議中に「早押し筋トレ」

テレビの早押しクイズで、答えが頭に浮かぶ前に、パッと早押しする回答者がよくいます。そこで答えられないと、敗退してしまう危険性があるので、かなりリスキーな行動です。

しかし、人は退路が断たれると、普段は出せないような「火事場の馬鹿力」を発揮することがあります。クイズでも、早押ししてから「えーーっと」と、自分を追い込むことで、集中力をぐっと高めているのです。

打合せや会議でも、この早押し作戦が使えます。

たとえば、ちょっとまったりした雰囲気のときに、**特に意見がなくても、「それって……」とか「それなんですけど……」とはったりで言う**のです。

当然、みんなが「ん、何だろう？」とこちらに注目します。

まさに、クイズの答えを思いつく前に早押しした回答者と同じ状況です。

その瞬間、「何か言わなきゃ」と、脳内は高速フル回転します。その数秒にグッと集中すると、パッと思わぬひらめきが訪れることがあります。

バッティングセンターで、最初は速い球が全然打てなくても、上達してくるとどんどん速い球が打てるように、**経験を積めば積むほど、頭は白紙でも、「それって……」と言ってから高速で考える〝早押し筋肉〟が鍛えられます。**

もし、大したことを思いつかなくても、「ウケる法則25」で話したように、「つまらなかったら、すみません」とハードルを下げてしまえばいいので、何も怖くはありません。

どうしても何も思いつかなければ、「すみません、今言おうとしたことを一瞬ど忘れしちゃいました。思い出したらまた言いますね」と言って時間稼ぎをしてから考えればいいのです。

はったりでもどんどん発言することで、打合せや会議で存在意義を示すことができますし、気負わず積極的に話そうとする人の話に、人は好意的に耳を傾けてくれます。

UKERU
ウケる法則
36

×

ウケない人は……

凹んだらウンウン悩む

○

ウケる人は……

凹んだときこそガンガン動く

トラブルに遭ったときの切り抜け術

思わぬトラブルに遭遇した後、僕はジムに行くようにしています。

もちろん、いったんは「あー……」と、がっくり凹みます。

でも、「もう、ウンザリだ……」と凹んだままで、問題を先延ばしにしてしまうと、事態はさらに悪化して、どんどん炎上してしまいます。

もう柱が1本も残っていないところまで燃えてしまってはもはや救いようがなくなるので、トラブルやクレームはボヤのうちに消す必要があります。

仕事の8割は不条理なことと割り切って、早いうちに処理しましょう。その後、思い切って気分転換するのです。

僕が凹んだときにジムに行くのは、身体を動かさないと、やる気が出ないからです。これは単なる精神論ではありません。大腿二頭筋《だいたいにとうきん》を鍛えると、β-エンドルフィンという脳内ホルモンが分泌されるというアメリカの論文が実際にあり、ジムで筋肉を動かすことでストレス耐性がつくのです。

凹んで頭を抱えてウンウン悩んでいるだけだと、ストレスが溜まっていく一方ですが、**身体を動かすことで、やる気が復活してきて、嫌なことがあっても乗り越えられます。**

ジムに行かなくても、歩いたり、走ったり、ラジオ体操するだけでもかまいません。動くことで、気持ちもリフレッシュして、やる気満々になってくると、どんなトラブルやクレームも怖くなくなります。

「ようし、やるぞっ！　来れるもんなら来てみろ！」という感じでガンガン進めるようになります。

「ミスも愛嬌」と思われたら勝ち

もし納期に間に合わなかったら、こちらがめちゃくちゃ焦っていると思わせたほうが得策です。

サボって遅れたと思われると信用を失くしますが、努力していることを見せれば、相手もむげに責められなくなります。

僕はかつて、わざと誤字脱字だらけのメールを送って、「あいつは焦っているんだな」と思わせるようにしていたことがあります。そうすると、相手が「あわてなくていいから」と、逆に気遣ってくれたりします。

以前、寝過ごしてその日に使うナレーションの原稿をすっぽかしてしまったときは、駆け込み寺ならぬ〝駆け込み入院〟という究極の切り抜け術を断行しました。もともと胃潰瘍《いかいよう》の持病があったので、近所の病院に「入院させてください！」と駆け込み、看護師さんに「野呂さんは体調を壊して昨日から入院しており、今は電話に出られない状態です」と代わりに電話してもらったのです。

すると、怒りまくっていた局の人に、「野呂君、大丈夫ですか？　ナレーションは何とかなったから、お大事にとお伝えください」と気遣いの伝言をもらいました。自分の失態をカバーするときは、多少の偽装もご愛敬です。

他にも仕事が遅れたとき、まだ完成していないのに、時間稼ぎをするためにシレッと「原稿を送ります」とメールして、肝心の原稿を添付し忘れたふりをすることもあります。それならおっちょこちょいの領域に入るので、相手も「添付し忘れたんじゃ仕方ないな」と許してくれます。

20〜30代のうちは、おっちょこちょいキャラになれば、多少のミスも愛嬌になるので、むしろかわいがられます。

遅刻してしまったときも、こそこそするとよけいにバツが悪くなります。

その昔、ある大物俳優さんの会合に呼ばれたことがあるのですが、うっかり30分ほど遅刻してしまいました。

会場に入るや否やシラーッとした雰囲気で、もう針のむしろ状態でした。

でも、あいさつしないわけにいかないので、その大物俳優さんを殿様に見立てつつ、「御尊顔《ごそんがん》を拝し恐悦至極」と、時代劇のセリフを真似て謝りました。

すると、ご本人から「近う寄れ」と言われて大爆笑が巻き起こり、空気が一気に和やかになりました。

仕事の失敗の9割は取り掛かりの遅さが原因

ちなみに、アメリカの論文によると、仕事が先送りになる人や時間が守れない人は、完璧主義の人が多いそうです。

でも、仕事は80％の完成度でもいいから1回見切り発車で出してみたり、「こんな感じでよかったですか？」とサンプルを送って、相手の反応を探っていったほうが、そこで時間稼ぎができたりします。

「2番と3番はちょっと違わない？」などと指摘されたら、そこだけちょっと考え直してみたりすることで、最初は60％程度でも、徐々に完成度を上げていけます。

仕事の失敗の9割は、ああでもないこうでもないと悩んでスタートが遅いことが原因です。夏休みの宿題と同じで、早く手を付ければ、それだけリスクも減ります。

上司に何か命じられたら、「まあ明日でいいか」ではなく、とりあえず「こんな感じですか？」と、考えたことをメールしてみましょう。

「はやっ！」と感心されて、きっと一目置かれます。

UKERU
ウケる法則
37

ウケない人は……
シビアな場面でビビる

ウケる人は……
シビアな場面でボケる

笑いも凍る空気を、お茶目な笑いでゆるめる

何か大きな失敗をしてしまったときなど、笑うに笑えないような事態に直面すると、この世の終わりのような顔で落ち込んでしまう人がいます。

もしあなたが『ミッション：インポッシブル』の主人公なら、あなたの失敗によって国家的危機に陥るかもしれませんし、『アルマゲドン』の主人公なら、地球存亡の危機を招くかもしれません。

でも、あなたの失敗で国家や地球が滅びるのでもない限り、**この世の終わりのような様子でいつまでも落ち込み続けるのはやめましょう。**

深く反省していることを周囲にアピールすることも必要ですが、暗く落ち込んでいるだけでは、ただでさえ分の悪い状況がさらに悪くなって、ますます自分の立場がなくなってしまいます。

そうしたシビアな局面を切り抜けるには、お茶目な笑いが役立ちます。

たとえば、他人の大切なものを破損してしまったとします。

「大変申し訳ございません……。○○は壊れてしまいましたが、私たちの厚い友情はまさかこれしきのことで壊れませんよね？」

すかさずこう言うと、怒りでぷるぷるしていた相手も、思わず腰砕けになってしまいます。もちろん、相手との関係性ができたうえで、ですが。

あるいは、天寿をまっとうして立派に大往生した人や、生前から冗談を言い合えるような人の訃報に接して周囲がしんみりムードになっているときも、お茶目な一言で場の空気を変えられます。

たとえば、「○○さんは死すとも、自由は死せずっ」と、キリッとした顔で言うと、「板垣退助じゃあるまいし」と、きっと誰かがツッコんでくれます。

もちろん、故人が事故や災害に遭って亡くなられた場合や、故人をおとしめるような冗談はNG。場をわきまえる必要があります。

ただ、悲しい気分に包まれているときに他愛もない冗談を言うことで、重苦しい空気がふっと和んでその場にいる人たちが癒されることがあります(僕の葬式は、冗談が飛び交うような式にしたいと願っています)。

〝外貨〟で笑いをとる

商談の場で、金額のシビアな交渉で緊迫した場面でも、お茶目な笑いが空気を変えることがあります。

「で、見積もりはいかほどでしょう？」

「はい、１０００万ドルでいかがでしょう？」

「は？……それって、10億円年末ジャンボですか？　ガハハハ！」

「では、６００万ペソではいかがですか？」

「ハウマッチか！　ガハハハ」

相手が思っているよりケタ違いに多めの金額を言ったり、通貨単位をわざと変えて言うと、緊迫した商談のムードが一気に和やかになります。

もちろんこれは信頼関係を築いたうえでの発言ですが、実際の見積もりよりケタ違いの高い金額を言ってウケた後、実際の金額を言うと、まるで大幅にディスカウントしたように聞こえて、見積もりがスルッと通ったりします。

たまに、冗談でふっかけただけなのに、予想外に相手が本気で受け止めることがあります。

たとえば、実際は600万円の見積もりなのに、「2000万円でどうでしょう?」と言ってみたら、「うーん、2000万円はちょっと難しいんですが……1500万円なら」などと、ヒョウタンから思わぬ駒が出ることも。

たとえ真剣な商談の場でも、**お茶目な冗談を口にする余裕を持つことによって、大胆な価格交渉を成功させることが可能**なのです。

おわりに

はっきり言えば、僕の能力や脳力は大したことがない。

本気で大したことがない。

だが、一瞬の集中力は誰にも負けない。

相手の心をつかもうと、脳がフル回転するその一瞬の間が好きだ。

僕は、会議が大好きという特異な脳力と運によってここまで来ることができたのだと思う。

結局、放送作家の仕事も戦略ＰＲコンサルタントの仕事も、「相手の心をつかむかどうか」ということに終始すると思う。


〝つかむ〟〝ウケる〟というのは、テニスでボールを打つ瞬間に似ている。

僕はテニスボールを追いかけながらものすごい集中力で打ち返す。その瞬間に

「あ、勝った」とわかるようになった。案の定、相手は、そのボールを打ち返すことができない。それが集中力だ。


トークも同じだ。

集中力を磨けば〝つかんだ瞬間！〟〝ウケた瞬間！〟というのが見えてくる。

バッターがホームランを打ったり、テニス選手がサービスエースをとった瞬間と同じだ。

すると、あるときから、会議や打合せが中毒になる。実に気持ちよくなる。


みなさんにもぜひ、僕のように病みつきになってほしい。

僕は完全に中毒。気持ちよさのために次々と攻めていく。

そう、チャレンジなのだ。

トークも会議も、冒頭で勝負をかける。長期戦には持ち込まない。

長期戦で勝てるのは本当の実力者だ。

だからいつも、トークの冒頭の20秒に勝負をかける。
そんな僕の特徴を〝つかんだ〟女性編集者さんが、大島さんだ。
まさかこのテーマで来るとは思ってもみなかったが（笑）。

そんな僕の小さな成功が少しでも役に立てばと、一冊にまとめさせていただいた。この本で僕の本の編集が３冊目となる大島永理乃様、東京・富ヶ谷の、フクロウのいるカフェで僕の話をグイグイ引っ張ってくれているのに、最後まで名字が覚えられなかったライターの轡田《くつわだ》早月様、本当にすみません（笑）。デザインでみなさんの心をつかんでくれたＫｒｒａｎの西垂水敦様、遠藤瞳様、本当にありがとうございました。

次はあなたが時代をつかむ番です。

２０１８年吉日

野呂エイシロウ

〈著者紹介〉

野呂エイシロウ（のろ・えいしろう）

バラエティ番組の放送作家・戦略的 PR コンサルタント。

1967 年愛知県生まれ。愛知工業大学卒業。小学生の頃から放送部に所属してラジオに親しみ、「人が読みたくなる投稿」を追究していった結果、「オールナイトニッポン」などで連日投稿が読まれるようになる。大学時代には学生マーケターとして活躍。学生向け家電の企画立案・宣伝・PR に携わる。その後、『天才・たけしの元気が出るテレビ !!』で放送作家デビュー。『ザ！鉄腕！ DASH!!』『特命リサーチ 200X』『奇跡体験！アンビリバボー』などの構成を担当し、日々ウケる内容を研究する。30 歳のとき、放送作家として培ったノウハウを企業でも活かせると感じ、戦略的ＰＲコンサルタントとしての活動をスタート。数々の企業の商品・サービスを次々とヒットに導く。クライアントは「Softbank」「ライフネット生命」「エクスペディア」「アキレス」「ビズリーチ」をはじめ、2018 年 10 月現在、20 社以上。国内有数のプロジェクト、海外案件に関わるなど、幅広く活躍している。現在、「日経ＭＪ」「東洋経済オンライン」で連載も担当している。

著書に、『儲かる日本語 損する日本語』（祥伝社）、『「話のおもしろい人」の法則』（アスコム）、『行動が早い人の仕事と生活の習慣』（すばる舎）、『好かれるのはどっち !?』（総合法令出版）、『考えなくてもうまくいく人の習慣』（ワニブックス）などがある。

◆ブログ（Ameba オフィシャルブロガー）
https://ameblo.jp/e-noro/

一瞬で相手の心をわしづかみ！

ウケる話し方

2018年11月21日　初版発行

著　者　野呂エイシロウ

発行者　野村直克
発行所　総合法令出版株式会社
〒103-0001　東京都中央区日本橋小伝馬町15-18
ユニゾ小伝馬町ビル9階
電話 03-5623-5121（代）

印刷・製本　中央精版印刷株式会社

落丁・乱丁本はお取替えいたします。

ISBN 978-4-86280-647-5
総合法令出版ホームページ　http://www.horei.com/